부의 타이밍

# 부의 타이밍

**초판 1쇄 발행**    2018년 7월 27일

**지은이**    윤석천
**펴낸이**    변선욱
**펴낸곳**    왕의서재
**마케팅**    변창욱
**디자인**    꼼지락

**출판등록**    2008년 7월 25일 제313-2008-120호
**주소**    서울시 양천구 목동서로 186(목동 919) 성우네트빌 1411호
**전화**    02-3142-8004
**팩스**    02-3142-8011
**이메일**    latentman75@gmail.com
**블로그**    blog.naver.com/kinglib

**ISBN**    979-11-86615-33-1   13320

이 도서의 국립중앙도서관 출판예정도서목록(CIP)은 서지정보유통지원시스템 홈페이지(http://seoji.nl.go.kr)와
국가자료공동목록시스템(http://www.nl.go.kr/kolisnet)에서 이용하실 수 있습니다.
· CIP제어번호: CIP2018021136

THE

# WEALTH
# TIMING

부자가 된 사람들만 아는 부가 만들어지는 특정한 시점

# 부의 타이밍
윤석천 지음

헤리티지
HERITAGE

# 머리말

'재테크'란 말을 별로 좋아하지 않는다. 아니, 재테크로 부자가 될 수 있다는 말을 신뢰하지 않는다. 부자란 '더는 돈이 필요 없는 사람' 혹은 '돈에 더 욕심을 내지 않는 사람'이란 정의를 좋아하는 탓이다. 내 정의에 따르면 재테크로부터 부자가 되려는 사람들은 살아생전 부자가 될 수 없다. 돈을 더 모으려는 욕망이 있는 한 영원히 '부자'가 될 수는 없다. 돈에서 자유로운 사람이 진정한 부자일 수 있다. 그가 얼마를 가지고 있든 말이다.

우린 '돈'이 곧 '신'이 되어 버린 자본주의 세상에서 산다. 이 세계에서 돈 없이 자유를 얻기란 극히 제한적이다. 그래서다. '재테크'란 말을 좋아하진 않아도, 관심을 가질 수밖에 없다.

부자는 하늘, 즉 운이 만들어낸다. 특히, 큰 부자일수록 더욱 그렇다. 운은 다양할 것이다. 재벌 부모를 뒀다든지 대대로 농사를 짓던 땅 주변에 어느 날 갑자기 대규모 신도시가 들어서면서 갖고 있던 땅값이 폭등할 수도 있다.

이른바 '금수저'는 하늘이 내는 경우가 대부분이다. 이런 상황에서 별다른 배경 없는 보통 사람이 부자가 된다는 건 하늘의 별 따기다. 간혹, 자수성가해 수천억, 수조의 재산을 일구는 사람들도 있지만, 이는 무척 희소한 경우다. 보통 사람이 평생을 아등바등해봐야 모을 수 있는 재산에는 한계가 있다.

그러나 자본주의 세상에서 중산층 특히 중상층 정도의 재산을 모으는 일은 현실적으로 가능하다. 주변에서 "돈 좀 있다"라거나 '부자'란 소리를 듣는 정도는 성실함과 어느 정도의 돈 불리는 재주만 있어도 할 수 있다. 아무리 근면 성실이 천대받는 세상이라고 해도 말이다.

사실, 서울 강남 지역에 자기 집을 갖고 사는 사람들이라면 부자라 봐도 좋다. 이들 대부분은 재테크에 능하다. 강남 지역에 아파트를 가지고 있는 것만으로도 시류 혹은 돈 불리기에 관심이 있다고 봐도 좋다. 그런 의미에서 '재테크'는 조그만 부자가 될 수 있는 첩경일 수 있다.

나는 일 년에 두세 차례 강연을 잡는다. 강연 주제는 환율 그리고 자산시장에서 위험을 피하는 법 등이다. 재테크와 직접 연관성은 없다. 그런데 질문 내용의 대부분은 돈을 어떻게 불리느냐에 집중된다. 수사를 붙이면 "어떻게 하면 돈을 벌 기회를 잡느냐?"에 관한 것이다. 수강자들의 나이, 직업은 매우 다양하다. 20대부터 60대, 고소득 전문직에서 평범한 주부를 아우른다. 한데, 이들 수강자는 한 가지 공통점이 있다. 돈의 흐름에 관심이 많다는 것이다. 어떻게 하면 돈을 굴릴 수 있을지를 끊임없이 고민한다.

돈에 관한 질문을 받을 때마다 깊은 고민에 빠진다. 더욱이 수강자 또는 독자들이 내게 원하는 것이 결국 '가치'가 아닌 '돈'이란 걸 알게 될 때 자괴감이 밀려오기도 한다. 누군가에게 돈 벌 방법을 알려줄 재주는 없다는 한계를 알기에 재테크에 관한 책들이 잘 팔린다는 주변 이야기에도 부러 그런 책을 쓰는 걸 경계해왔다.

지금까지 낸 책들은 '가치'에 집중돼 있다. 어떻게 하면 더불어 잘살 수 있을까에 관한 내용이었다. 불평등의 심화는 자본주의 체제 하에선 구조적 필연이므로 나름대로 그 한계를 극복하려는 제안을 담는 데 노력했다. 보람은 충분했다. 책을 읽은 이들의 공감, 감사의 인사 한마디로도 나는 행복했다. 하나, 한계도 있었다. 혹자는 현실과 동떨어진 이상향 얘기나 하고 있다고 비판했다. 또 다른 이는 책 몇 권으론 세상이 바뀌지 않음을 강조했다. 모두 맞는 말이다.

출판사 사람과 가끔 식사 자리를 한다. 그런 자리에서는 의례 일상적인 대화가 오고 간다. 거창한 철학이나 이념에 관한 주제보다는 살아가는 소소한 얘기들이 주가 되기 마련이다. 이 책은 그런 자리의 결과물이다. 부가 어떻게 만들어지고 어떻게 소멸하는가에 관한 얘기다.

이 책을 관통하는 한마디가 있다. "경제 현상은 결국 '돈의 흐름'이 만들어내는 결과물이다." 그 흐름에 따라 부가 만들어지기도 하고 파괴되기도 한다. 눈치가 빠르거나 똑똑한 사람들이라면 그 길목을 지키고 있다 기회를 잡는 게 부자가 되는 첩경임을 알고 있다. 부자란 결국 돈의 흐름을 이해한 사람들이다. 다른 말로 하면, 부자가 되고 싶다면 돈의 흐름을 알아야 한다. 이 책은 이에 관한 얘기다.

'돈의 흐름'을 안다는 것은 전문가들에게도 쉬운 일이 아니다. 가끔 큰돈을 주무르는 펀드매니저들에게 강의할 기회가 있다. 이들은 분명 전문가다. 나보다 훨씬 뛰어난 돈 굴리기의 명수들인 것이다.

하지만, 이들에게도 가끔은 숲을 보지 못하고 나무만 보는 경향이 발견된다. 돈의 흐름은 큰 그림으로 봐야 비로소 보인다. 사실 세상만사가 그렇다. 세밀하게 이것저것을 따지다 보면 큰 흐름을 놓치는 우를 범하게 된다.

이 사람들이 나를 초대해 비싼 돈을 주고 강의를 듣는 이유는 자신들이 무얼 놓치고 있는가를 알기 위해서다. 이들 전문가는 공부를 정말 많이 한다. 세상에 있는 지식 대부분이 이들의 관심사라 해도 좋다. 끊임없이 세상에 두는 관심, 자신들도 완벽하지 않다는 겸손함, 그것이 이들 전문가가 그렇게 천문학적인 돈을 굴리는 이유일 것이다.

전문가가 된다는 것은 특정 분야에 천착한 결과다. 그러나 진정한 전문가가 되기 위해선 박학해야 한다. 자기 분야만이 아닌 세상의 흐름에 관한 이해를 넓히려 애써 공부할 때 진정한 전문가, 큰 전문가가 될 수 있다. 부자가 된다는 것도 같다고 본다. 세상을 이해하려는 공부가 필수적이다.

거듭 말하지만, 난 어떻게 해야 부자가 될 수 있는지 모른다. 다만, 경제를 연구하고 공부하는 사람으로서 어떤 때 부가 만들어지고 또 어떤 때 부가 파괴되는지에 관심이 있을 뿐이다. 이 정도만 이야기해도 얼추 돈의 흐름에 관한 '얼개'를 짤 수 있는 사람들이 있을 것이다. 이 책이 그런 이들에게 도움이 된다면 하나의 의미 있는 작업일 될 수 있겠다고 생각한다. 어쨌든 이 책을 읽는 이들이 아주 조그만 '팁'이라도 얻어 부자가 되었으면 좋겠다. 부자가 된다면 그것을 나눌 용기도 함께 갖추기를 진정으로 바라며.

# Contents

**1**

부자가 말하지 않는
부자가 된 사람들의
한 가지 공통점

## 한국의 신흥 부자들

'부자'는 누구를 말하는 걸까. 국어사전은 재산이 많은 사람이라고 정의한다. 그렇다면 재산이 얼마나 많아야 하는 걸까. '많다'란 말에는 함정이 있다. 객관화할 수 없다.

길거리에서 노숙하는 이들에겐 십만 원도 크다. 여름 땡볕 아래 손수레를 끌고 폐지를 줍는 노인에게는 만 원도 많다. 반면, 억만장자들은 서울 전셋값보다 비싼 고급 자동차를 몰고 다닌다. 몇천만 원짜리 백을 들고 몇백만 원짜리 구두를 신는다. 이들에게 1억 원 정도는 그리 크지 않다. '부자'란 개념은 지극히 상대적일 수밖에 없다.

개인적으로 나는 부자를 '더는 돈이 필요 없는 사람'이라고 생각한다. 실제 소유한 재산 규모와 무관하게 돈이 더는 필요 없는 사람, 다시 말해 돈에서 자유로운 사람을 부자라 믿는다. 수천, 수조 억 원을 갖고도 더 벌려 애를 쓰는 사람은 부자가 아니다.

무언가를 갈망한다는 것은 그 무엇인가의 '결핍'을 의미한다. 소유한 재산과는 관계없이 돈을 갈구한다면 그는 여전히 돈이 부족한 것이다. 결핍 상태다. 따라서 그는 부자라기보다는 빈자에 가깝다. 적어도 철학적으론 그렇다. 부자란 '자유로움'을 얻는 사람일 것이다. 돈에 얽매이지 않고 자유로울 수 있다면 그는 이미 부자일 것이다.

나 역시 이런 의미에서 본다면 부자는 아니다. 사실, 이 세상에 진정한 의미의 부자가 몇이나 있는지는 의문이다. 이제 철학의 세계에서 현실로 내려와 보자.

세속적인 의미에서 '부자'는 누구를 말하는 걸까. 현실적으로도 이를 정의하는 건 대단히 어렵다. 시대에 따라 부자의 세속적 정의 또한 변화하기 때문이다. 멀리 갈 것도 없이 불과 10여 년 전만 해도 10억 원 정도의 재산이 있으면 부자라고 불렸다.

당시 이율이 한 7~8% 정도 했으니까 10억 원 재산이면 생활을 영위하는 데 무리가 없었다.

은행에 맡겨놔도 월 400만 원 이상 이자를 받을 수 있었으니, 생활이 가능했다. 하나, 2017년 현재는 어떤가?

집값이 이명박, 박근혜 정권을 거치며 천정부지로 솟았다. 강북의 25평 아파트도 10억 원을 호가하는 시절이다. 당연히, 자산 10억 원 정도론 부자라 칭할 수 없다. 또, 이들을 부자라 부르지도 않는다. 부동산을 중심으로 한 자산가치가 급격히 오르다 보니 부자 기준도 점차 상향 조정되고 있다.

이 때문이다. 대부분의 연구소는 총자산 10억 원에서 금융자산만 10억 원을 보유한 사람을 부자라 정의하는 경향이 늘어나고 있다. 대표적으로 KB경영연구소가 그렇다. 이 연구소의 〈부자보고서〉는 한국의 부자에 관한 가장 면밀한 보고서라 할 수 있다. 이 보고서는 세속적 의미에서의 부자에 관한 많은 것을 알려준다.

금융자산 10억 원 이상인 부자의 수는 2016년 말 기준으로 24만 2000명이다. 한국 인구가 5천만 명 정도니 약 0.5% 정도다. 이는 2015년 말과 비교해서 3만 1000명이나 늘어난 수치다. 2012년과 비교하면 48.4%나 증가했다. 경제가 어렵다는 점을 고려할 때 이례적이다. "돈이 돈을 번다."란 말이 사실임을 알 수 있다. 부자는 어쩌면 어려운 상황에서도 재산을 늘려가는 능력이 있는 사람일 것이다. 혹은 경기에 무관하게 자신의 부를 지켜가고 있다고도 말할 수 있겠다.

2016년 한국의 경제성장률은 2.7%였다. 한데 부자들의 수는 전년도보다 약 15% 늘었다. 성장률을 5배 정도 웃도는 부자 증가세는 자산소득의 팽창이 기타 소득의 팽창을 얼마나 능가하는지를 말해준다.

어쨌든 이들 부자가 보유한 금융자산은 총 552조 원에 달했다. 이는 가계전체 금융자산의 16.3%에 달한다. 0.5%가 16.3%의 금융자산을 가진 것이다. 다시 말해, 이들은 평균인보다 30배 이상의 금융자산을 보유하고 있다. 이들이 보유한 금융자산 평균액은 1인당 22억 원에 달했다.

주목할 것은 이들이 보유한 부동산이다. 이들이 보유한 부동산 가치는 평균 28억 원으로 일반 가구의 11배에 달한 것으로 집계됐다. 자산 규모가 클수록 부동산 자산을 선호하는 경향이 두드러져 100억 원 이상 자산가의 경우 총자산의 82.0%가 투자용 부동산이었다.

부자들이 은퇴 후 적정 생활비로 생각하는 금액은 월평균 717만 원으로 이를 위한 노후준비 방법으로도 역시 부동산을 가장 많이 꼽았다. 한국 전체 가계의 부동산 자산 평균은 2억 5000만 원이다. 한국의 부자들은 평균인보다 11배나 많은 부동산을 보유하고 있는 셈이다. 이 가운데 50억 원 이상 부동산을 보유한 부자들은 전체 응답자(400명)의 14.8%에 달했다.

한국의 부자들은 평균적으로 금융자산 22억, 부동산 자산 28억 원 정도를 보유하고 있었다. 결론적으로 총자산 규모가 50억 원 정도가 되어야 부자의 반열에 오를 수 있다는 얘기다.

이들은 은퇴 후 적정 생활비로 월평균 717만 원 정도를 생각하는데 금융자산 22억 원이면 아무리 저금리라 해도 연평균 이자로 4천만 원 정도는 된다. 대략 월 350만 원 정도다. 나머지 350만 원은 부동산 수익에서 보충한다는 말이다.

한국 부자들의 자산 포트폴리오는 흥미롭다. 주택/건물/상가/토지 등 부동산 자산이 차지하는 비중이 52.2%로 절반이 넘었다. 금융자산은 44.2%, 예술품/골프 회원권 등 기타자산은 3.6% 순으로 나타났다. 특히, 자산이 더 많으면서 나이가 많고 수도권에 거주하는 부자일수록 부동산 비중이 높았다.

## 자산구성비 변화 추세

※ 금융 및 부동산 시장 성장세에 따른 부동산 / 금융자산 구성 비중 동반 상승

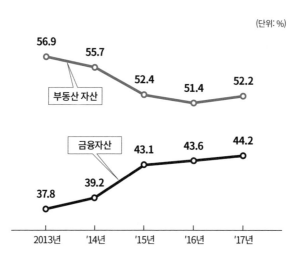

(단위: %)

부동산 자산: 56.9, 55.7, 52.4, 51.4, 52.2

금융자산: 37.8, 39.2, 43.1, 43.6, 44.2

2013년 / '14년 / '15년 / '16년 / '17년

연령대로는 40대 이하보다 50대 이상에서 부동산 자산 비중이 높게 나타났다. 이들은 부동산 중에서도 투자용 부동산에 집중했다. 투자용 부동산이 부동산 자산의 51%를 차지해 높은 비율을 차지했다. 자산 규모가 클수록 빌딩, 상가의 투자 비중이 증가하는 경향을 보였다.

이는 어쩌면 당연한 결론이다. 한국의 부자들은 부동산으로 재미를 본 사람들이다. 이들이 부동산을 산 때는 대략 1980년대다. 이때 평균 매입 가격은 7천만 원 수준이었다. 한데 이 부동산이 1990년대에 1억 6천만 원, 2010년에 5억 3천만 원까지 가파르게 상승했다. 매수와 매도를 하지 않았더라도 말 그대로 앉아서 돈을 번 것이다.

게다가 이들은 일반인과 비교해 부동산 투자 규모가 달랐다. 1990 년대 초반 부자들은 1억 3천만 원짜리 부동산을 매입한 데 반해, 일반인들은 7천만 원짜리 부동산을 매입했다. 부자들이 일반인보다 2배 정도 비싼 부동산을 산 것이다. 2010년 들어서 부자들은 5억 3천만 원 상당의 부동산을, 일반인들은 1억 7천만 원의 부동산을 샀다. 3배 정도의 격차다.

이것이 말해주는 바는 명확하다. 부자들은 비싸더라도 오를 만한 곳의 아파트, 다시 말해 입지가 좋은 부동산을 산 반면 일반인들은 그렇게 하지 못했다는 것이다. 가치가 높은 부동산을 사니 더 많이 오르고 그렇게 해서 수익을 더 많이 벌어들인 것이다. 또 하나 특징은 이들 부자는 빌딩, 상가, 그리고 재건축 아파트를 사들였다.

사실, 한국의 부자들은 글로벌 부자들과 비교하면 부동산 투자 비중이 높다. 글로벌 부자들은 거주용 부동산을 뺀 부동산 투자 비중이 18% 수준인데, 한국 부자들은 그 비중이 36%로 2배나 높다. 이는 한국 부자의 특성에서 비롯한다. 사실, 한국의 부자들은 부동산으로 부자가 된 사람이라 해도 과언이 아니다. '건물주'가 학생들의 꿈이 된 이유가 여기에 있다.

부동산은 '황금알을 낳은 거위'였다. 압축 성장 시대 도시 개발과 팽창은 필연이었고 이는 그대로 부동산 상승으로 이어졌다. 1980년대 '복부인'은 한국을 상징했다. 이는 2017년 현재도 마찬가지다. 아파트 본보기집(모델하우스) 앞에서 텐트를 치고 밤을 새우며 청약을 기다리는 기다란 줄은 부동산으로 부자가 될 수 있다는 경험의 산물이다.

한국 부자에게서 부동산은 단순히 거주용이 아닌 적극적 수익 실현의 방편이었다. 이는 여전히 우리 생각을 지배한다. 부동산 자산의 의존도가 점차 하락하고는 있지만, 여전히 금융자산보다 월등하다는 것이 이를 방증한다.

부자들의 재테크 순위는 여전히 부동산이다. 이는 부자보고서 설문에 대한 답에서 나타난다. 부자들에게 앞으로 꼽은 투자 유망처가 무엇이냐고 물었더니 이들의 대답은 재건축 아파트였다. 그 뒤를 이어 빌딩과 상가였다.

그런데 묘하게도 부자들은 부동산이 더 오를 거로 생각하지는 않았다. 부동산이 앞으로 더 오를 것으로 생각하느냐는 질문에 불과 27.2%만이 좋아질 것이라 답했다. 반대로 나빠질 것이라 보는 사람이 28.2%를 차지했다.

더 이상한 것은 "부동산 경기가 침체한다면 부동산 전부나 일부를 처분하겠느냐?"란 질문엔 20%만 처분하겠다고 답했다는 점이다. 이 답변의 의미는 여러 가지다. 현재와 같은 저금리 시대에 부동산을 처분한다고 해도 다른 대체 투자처를 찾기가 어렵다는 게 제일 큰 이유일 것이다. 무엇보다 자신들의 경험상 부동산은 실패하지 않는 투자수단이었다.

주식의 경우엔 1990년대 말 외환위기(IMF 사태)로 폭락, 2000년 초 닷컴 버블 붕괴로 하락, 2008년 금융위기 여파로 폭락을 경험했다. 다시 말해, 상대적으로 너무 위험하다. 투자 리스크가 크다는 것을 경험한 부자들에겐 부동산만큼 안전한 자산이 없는 것이다.

한편 현금을 은행에 예금한다 해도 이자는 쥐꼬리인 상황이다. 불투명한 자산, 별 볼 일 없는 이자에 의존하느니 차라리 부동산을 가지고 있는 게 오히려 속 편한 것이다. 상속에 대한 부담을 덜 수 있다는 것도 한몫했을 것이다. 상속증여는 실거래가가 아닌 공시지가*나 기준시가에 따라 세금이 부과된다.

한국의 부자들은 의외로 금수저 출신이 아니다. KB경영연구소의 부자보고서는 400명의 부자를 모집단으로 조사한 것이다. 이 때문에 전체를 대변할 수는 없지만, 그렇다고 이 보고서가 전체를 대변할 수 없다고도 할 수 없다.

보고서에 따르면 400명 중 자수성가형이 70%, 상속형 부자가 30%였다. 어쩌면 이 수치도 당연한 결과일 수밖에 없다. 50~60대는 1950년대와 1960년대 태어난 사람들이다. 당시 한국의 상황은 매우 열악했다. 금수저가 많지 않은 시대였다. 자수성가형이 많을 수밖에 없다.

그런데 이들은 자신의 자식 세대가 자수성가로 성공할 가능성에는 회의적인 반응을 보였다. 자녀 세대는 과거와 비교해서 부모 도움 없이 자수성가하기가 힘들어졌다고 동의하는 비율이 무려 85%가 넘었다. 이는 2015년 조사 때보다도 11%포인트 늘어난 것이다.

---

\* 공시지가는 건교부가 책정한 가격, 기준시가는 국세청이 투기가 우려되는 특정 지역의 아파트나 연립주택을 대상으로 과세기준으로 산정하는 가액을 말한다. 일반적으로 실제 거래되는 가격에 비해 낮다. 이 때문에 뜻밖으로 절세 효과를 볼 수 있다고 생각하는 것이다.

아이러니하게도 사회가 안정된다는 것은 부자 되기가 그만큼 어려워진다는 것을 뜻한다. 압축 성장 시대에 보였던 자산 가격 폭등 양상은 불가능하다.

자산 가격의 폭등이 없다면 가령, 부동산이나 주식 가치의 급등이 없다면 특정인이 수십억을 모으는 일은 거의 불가능에 가깝다. 사업을 영위하거나 연예인, 스포츠 스타로 성공하는 길뿐이라 해도 과언이 아니다. 물론 이런 행운 혹은 능력은 극소수에게만 주어진다.

일반인이 월급을 모아 수십억 원을 모은다는 건 불가능하다. 월 300만 원씩 30년을 저축해도 20억을 모으기가 어려운 게 현실이다. 이 때문에 이들의 진단은 옳다. 오늘의 젊은 세대가 부자가 되는 건 하늘의 별을 따는 것만큼 어려울 것이다. 부모 세대의 도움이 없다면 그렇다.

이런 이유 때문일 것이다. 한국의 부자들은 대부분 보유자산을 자녀에게 상속 증여하겠다고 응답한 비율이 무려 95.7%에 달했다. 사회구조 상 과거처럼 개천에서 용 나기 힘든 세상이란 점을 부자들은 간파하고 있다. 이들의 고민은 세금과 상속이었다. 상속과 증여를 위한 자산 유형으로는 '부동산'을 활용하겠다는 의향이 84.3%에 달했다.

이 비율이 매년 지속해서 낮아지곤 있지만, 여전히 높은 수준이다. 한국 부자들은 부동산에 대한 매력 혹은 미련을 버리지 못하고 있다.

정리하면, 한국의 부자들은 50억 원 정도의 자산 규모를 보유하고 있다. 이 중 가장 큰 비중을 차지하는 것은 부동산이다. 이들은 자수성가형 부자들이다. 동시에 좋게 말해 재테크의 달인 나쁘게 말해 투기적 거래로부터 돈을 번 사람들이다. 아니, 달인이라 할 수도 없다. 이들은 특별하지 않다. 평균보다 재산 증식에 더 감각이 있던 사람일 뿐이다.

현재 50~60대 중 어느 정도 재산을 일군 사람 중에 부동산 투자를 하지 않은 사람은 없다. 최소한 아파트를 사고팔고는 했다. 이들은 아파트와 건물을 사고 제주도에 땅을 샀다. 아파트는 자식 교육을 위해 강남으로 옮겼고 상가 등 건물은 노후 대비를 위해 샀다. 동료와 친구, 친척들이 같은 방식으로 투자하는 것을 보면서 가만히 있을 사람은 거의 없다. 일주일에 몇천만 원씩 오르는 부동산을 보며 관심을 두지 않는 게 외려 이상한 일이다.

이들을 투기꾼이라 매도할 필요는 없다. 웬만큼 초기자본을 모은

사람들이라면 대부분 그랬다. 한국은 그런 시대를 지나왔다. 한국의
부자는 그렇게 탄생했다.

## 피그말리온 효과

실러Schiller의 '이상'이란 시다.

한때 간절한 열망으로
피그말리온이 돌을 껴안아
대리석의 차가운 뺨 속으로
느낌이 뜨겁게 흘러 들어갔듯이
그렇게 나도 사랑의 팔로
청춘의 열락으로 자연을 휘감았노라
내 시인의 가슴에 안겨

숨쉬기 시작하고 온기가 돌기까지

불꽃 같은 나의 열정을 나누면서
말 못 하는 것이 언어를 찾았고
사랑의 입맞춤으로 내게 화답하며
내 가슴의 울림을 알아듣더라
그땐 나무도, 장미도 날 위해 살았고
샘물의 은빛 낙수 내게 노래했으며
영혼 없는 것조차 느낌을 갖게 되더라
내 생명의 메아리로 인하여

피그말리온Pygmalion은 그리스 신화 속 인물이다. 그는 여성에게는 결점이 너무 많아 평생 독신으로 살기로 작정한다. 대신 완벽한 여성을 창조하기로 마음먹고 상아를 빚어 아름다운 여인상을 조각한다. 조각상은 완벽했다. 살아있다 해도 믿을 정도로 정교했으며 세상의 그 어떤 여인보다 뛰어난 미모를 지니고 있었다.

피그말리온은 마침내 그 조각상과 사랑에 빠진다. 하루에도 몇 번씩이나 애무를 하고 키스를 한다. 이미 그에게 조각상은 사람이었다. 꽃을 안기고 선물을 주기도 한다. 물론 아름다운 옷도 입혀주고 손가락에는 반지를 끼워주는 한편 목걸이도 걸어준다. 압권은 밤이 되었을 때다. 피그말리온은 그 조각상을 요 위에 눕히고 팔베개를 해주며 달콤한 말을 건넸다. 하나, 여전히 그것은 차가운 상아에 불과했다.

피그말리온은 마침내 아프로디테에게 기도를 올린다.

"여신이여, 바라건대 조각상이 제 아내가 되게 하소서"

이 기도는 아프로디테를 움직였다. 집으로 돌아온 그가 여느 때처럼 조각상에 다가가 입을 맞추자 차가웠던 입술에서 따뜻한 온기가 돌기 시작했다. 이번에는 가슴을 더듬자 놀랍게도 딱딱하던 살결이 말랑말랑해지기 시작했다. 눈을 들어 얼굴을 보니 여인의 눈망울이 빛났으며 양 볼은 수줍게 물들어 있었다. 마침내 조각상이 생명을 얻게 된 것이다. 아프로디테의 축복 속에 피그말리온은 인간이 된 여인 갈라테이아Galateia와 부부의 연을 맺는다.

보통 피그말리온 효과란 열정과 사람의 힘 혹은 주변의 기대와 믿음이 특정인에게 영향을 줘 결국 원하는 결과를 낳게 하는 효과를 말한다. 이는 자기충족적 예언Self-fulfilling prophecy이라고도 한다. 보통 교육 현장에서 많이 볼 수 있는 현상으로 특정인에게 기대와 믿음을 가지면 결국 그 사람이 기대되는 방향으로 행동하고 성취하게 되는 효과를 뜻한다.

1968년 하버드 대학교 사회 심리학과 교수인 로젠탈Rosenthal, Robert은 매우 흥미로운 실험을 했다. 미국의 한 초등학교 학생을 대상으로 지능검사를 한 후 그 결과와 상관없이 무작위로 한 반에서 20% 정도의 학생을 뽑았다.

그 학생들의 명단을 교사에게 주면서 '지적 능력이나 학업 성취의 향상 가능성이 큰 학생들'이라고 믿게 했다. 8개월 후 이전과 같은 지능검사를 다시 했다. 그 결과, 명단에 속한 학생들은 다른 학생들보다 평균 점수가 높게 나왔다. 그뿐만 아니라 학교 성적도 크게 향상됐다.

명단에 오른 학생들에 대한 교사의 기대와 격려가 중요한 요인이었다. 이 연구 결과는 교사가 학생에게 거는 기대가 실제로 학생의 성적 향상에 효과를 미친다는 것을 입증했다.

피그말리온 효과 혹은 자기충족적 예언은 금융시장에서 종종 볼 수 있는 현상이다. 특히, 기술적 분석*은 이 효과에 상당 부분 의존한다. 이미 잘 알려진 차트상의 특정 패턴에 따라 시장 참여자들이 은연중에 그 패턴을 완성해 간다. 즉, 과거의 가격 움직임으로 볼 때 미래의 가격은 당연히 특정 방식으로 움직이리라는 가정을 세우고 그것을 참여자 스스로 만들어간다는 것이다. 다른 말로 하면, 시장 참여자 스스로가 자신을 만족시키는 방향으로 미래의 가격을 만들어간다.

차트를 해석하는 일은 상황에 따라 모호할 때가 있다. 이때 시장 참여자는 주관적인 해석을 한 다음에 자신의 예측을 정당화하려는 노력을 기울인다. 그리고 시장 참여자 대부분이 그러한 정당화 과정을 계속하면서 차트의 일정한 패턴은 완성된다는 점이다.

예를 들어, 내림세가 계속되는 상황에서 이중바닥형 패턴**이 출현하면 대부분의 기술적 분석가들은 이제 시장이 바닥을 찍었다고 생각하게 된다.

그들은 이제부터 시장이 상승하리라 믿고 주식을 사기 시작한다. 실

---

* 주식시장을 비롯한 금융시장을 분석하고 예측하는 기법 가운데 하나로, 주로 가격 그래프[차트]를 이용해 분석한다. 기본적 분석과 대비되는 방법이다.

** W 자 모양의 패턴, 하락 추세에서 상승 추세로 전환할 때 많이 나타나는 모양.

제로 이런 사람이 많으면 많을수록 시장은 실제로 상승하게 된다.

또 있다. 거래량이 많아지면 가격은 어느 쪽이든 크게 움직인다는 현상인데, 이러한 예측은 과거 데이터를 통해 높은 확률로 검증이 된다. 그리고 거래량이 크게 터지면서 변동성이 확대되면 연속해서 변동성이 커진다는 분석 역시 마찬가지다.

실제로 시장을 움직이는 건 시장 참여자의 수와 이들의 믿음과 기대가 어느 쪽으로 집중되느냐 여부일 것이다. 하지만 이런 변수는 그 자체만으로 지속할 수 없다. 믿음과 기대는 그야말로 추상적이다. 대중의 믿음과 기대는 피그말리온의 사랑처럼 영원하지 않다. 갈대와 같을 뿐이다.

거대한 댐이 조그만 균열에서 무너지듯 대중의 믿음과 기대는 대부분 쉽게 허물어진다. 사이비 종교의 광신도가 아닌 다음에야 대부분의 시장 참여자는 매수 시 반드시 매도 시점을 생각한다. 그것이 투자든 투기든 자산시장 참여자 거의 모두는 차익을 남기기 위해 시장에 참여하는 것이다.

아파트를 실거주 목적으로 매입한다 해도 오르지 않는 혹은 오를 가능성이 없는 아파트를 살 사람은 아무도 없다. 자산시장 참여는 본

질상 오를 것을 기대하며 무언가를 사는 행위다. 최소한 손해는 보지 않을 거란 기대로 산다.

함정은 여기에 도사린다. 기대나 믿음은 펀더멘탈*을 이기지 못한다. 기초 체력이 부족한 사람이 기초 체력을 가진 사람을 이기지 못하는 것과 같다.

경제가 침체인 상황 혹은 부채 폭증으로 경제 주체의 부담이 커진 때라면 자산시장이 오를 거란 기대나 믿음 역시 점차 희석되기 마련이다. 설사 그런 기대나 믿음이 있다고 해도 돈줄이 점차 말라가기 때문에 가격이 오르는 데는 한계가 있다. 펀더멘탈이 부정적이라면 경제 주체의 미래에 대한 기대나 믿음 역시 그에 따라 장기적으로 부정적으로 변화하기 마련이다.

자산시장을 움직이는 건 바로 유동성이라고 불리는 실체다. 앞으로 다룰 본격적인 내용으로, 시장 참여자라면 항상 '유동성'이란 단어를 금과옥조로 여겨야 한다.

돈이 공급되지 않는 시장이 상승할 수는 없다. 그것이 무슨 이유든 시장으로 유입되는 돈의 양이 줄어들면 시장은 하락할 수밖에 없다.

---

* 개별 기업, 주식시장에서는 자체적으로 소유한 경제적 능력·가치, 잠재적 성장성 등을 의미한다.

기대와 믿음만으로 무언가를 살 수는 없지 않은가. 사려면 돈이 필요하다. 개인적으로 아무리 아파트가 오르고 특정 주식이 폭등하리라는 것을 100% 믿는다 해도 돈이 없으면 시쳇말로 '말짱 꽝'이다. 그저 오르는 시장을 바라보며 군침을 흘리는 수밖에 없다. 단, 가진 돈이 없더라도 빌릴 수 있다면 시장 참여는 열려 있다.

　현금이 풍부하거나 부채를 얻기 쉬운 환경이라면 혹은 자산을 언제든지 현금화할 수 있다면 다시 말해 유동성이 풍부한 경우라면 자산시장은 오른다. 간혹 착각하는데 특정 국가 혹은 글로벌 유동성이 풍부해야만 충분조건이 되는 건 아니다. 보통, 전체적인 유동성이 풍부할 때 자산시장 전반이 오를 수 있다. 2008년 금융위기 이후 전 세계 부동산시장과 주식시장이 오른 것처럼 말이다.
　그러나 전체적인 유동성이 줄어들어도 특정 시장으로 몰리는 유동성이 풍부할 때 그 시장은 얼마든지 오를 수 있다. 물론 이 경우 특정 시장의 상승은 제한을 받기 마련이다. 다시 말해, 오르는 데 한계가 있다.

## 유동성과 정책

유동성$^{liquidity}$이란 단어를 사전에서 찾아보면 기업, 금융기관 등 경제 주체가 가지고 있는 자산을 즉시 그리고 가치의 손상 없이 현금으로 바꿀 수 있는 능력을 말한다고 설명되어 있다. 쉽게 말해 현금으로 즉시 바꿔 쓸 수 있는 재산의 정도를 말한다. 현금화할 수 있는 재산이 많으면 유동성이 풍부한 셈이다.

유동성이 가장 풍부한 재산은 현금이다. 예금이나 수표도 쉽게 현금화할 수 있으니 유동성이 높다. 이에 비해 건물이나 토지와 같은 부동산은 유동성이 낮다. 필요할 때 언제나 현금화하기 쉽지 않은 탓이다.

'시장 유동성'이란 특정 시장이 해당 자산을 안정적인 가격으로 사고팔 수 있는 정도를 말한다. 주식시장에 유동성이 풍부하다는 말은 언제든 주식을 안정적인 가격으로 사고팔 수 있는 환경이 조성되어 있다는 뜻이다. 요컨대 부동산시장의 유동성이 줄었다는 얘기는 부동산을 언제든 원하는 가격에 사고팔 수 있는 환경이 열악해졌다는 의미다.

여기서 환경은 결국 '돈'을 가리킨다. 특정 시장의 유동성이 풍부하다는 얘기는 그 시장에 관심을 둔 돈의 총량이 충분하다는 뜻이다. 반대로, 특정 시장의 유동성이 부족하다는 얘기는 그 시장에 관심을 품은 돈의 총량이 부족하다는 말이다.

유동성은 쉽게 말해 돈의 정도를 말한다고 봐도 좋다. 이 때문에 유동성은 통화량으로 측정할 수 있다. 한국은행이 발표하는 통화지표인 M1(협의 통화: 현금과 요구불예금을 더한 것), M2(광의통화: M1 + 2년 미만 정기 예·적금 등)는 곧 유동성 지표다.

유동성은 통화량으로 확인해볼 수 있는데 통화량은 결국 중앙은행 즉 한국은행의 통화정책이 좌우한다. 한국은행이 금리를 내리면 시중 통화량은 증가하고 올리면 감소한다.

시중 유동성도 마찬가지다. 특별한 경우를 제외하면 정부 정책도 중앙은행의 통화정책과 그 궤를 같이하는 게 일반적이다.

침체기에 중앙은행이 금리를 내리면 정부는 확장적 재정정책, 다시 말해 재정지출을 확대하는 정책을 쓴다. 이는 모두 시중 유동성을 늘려 총수요 증대를 통해 경기회복을 도모하려는 수단이다.

중앙은행이 돈을 풀고 정부 역시 더 많은 돈을 쓰기 시작하면 시장엔 돈이 풍부해진다. 돈이 풍부해지면 소비가 늘어나고 투자 역시 확대된다. 일반적으로 그렇다. 경기회복의 불씨가 이렇게 만들어진다.

반대 경우는 어떨까? 경기가 과열일 때 중앙은행은 금리를 올려 대응한다. 인플레이션 우려를 잠재우기 위해서다. 정부 정책 역시 보수적으로 운영되는 게 일반적이다. 재정지출을 늘려 그렇지 않아도 과열된 수요를 자극하기보다는 재정 안정성 강화에 무게를 두게 된다.

실제로 2008년부터 M1, M2 추이를 보면 유동성, 즉 통화량이 어떻게 변화했는지 알 수 있다. 다음 그림은 2000년부터의 M2 추이를 잘 보여준다.

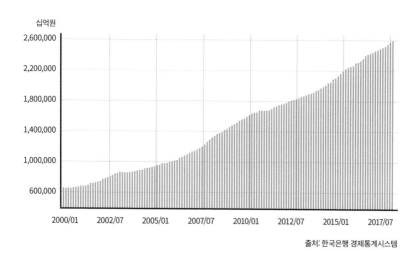

십억원

출처: 한국은행 경제통계시스템

　그림에서 보듯이 2008년부터 그 기울기가 가팔라졌다. 이는 한국은행의 기준금리 인하와 그 궤를 같이한다. 다음 쪽 그림은 한국은행의 기준금리 추이다.

　한국은행은 2008년 3월부터 금리를 내리기 시작했다. 금융위기로 시작한 경기침체에 대응하려는 정책이었다. 경기가 약간 회복되자 2010년 여름 무렵 금리를 올리기 시작했다. 같은 기간 광의통화 성장세가 일시적으로 주춤했음을 볼 수 있다.

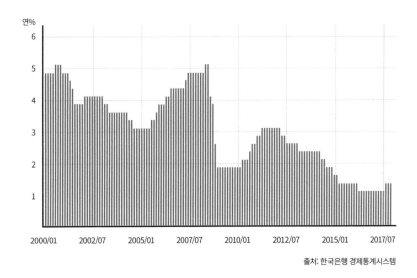

연%

2000/01　　　　2002/07　　　　2005/01　　　　2007/07　　　　2010/01　　　　2012/07　　　　2015/01　　　　2017/07

출처: 한국은행 경제통계시스템

　그런데 한국은행은 다시 금리를 내리기 시작해 금리를 사상 최저 수준까지 끌어내렸다. 이는 M2의 폭발적인 성장세를 낳았다. 그만큼 시중 통화량, 즉 유동성은 가파르게 늘어났다.

　정책 역시 확장적 재정정책으로 일관했다. 특히, 2014년 7월 당시 최경환 부총리는 '빚내서 집 사란' 정책을 '초이노믹스'라 포장하며 밀어붙였다. 부동산 부양책을 통해 내수 활성화를 시도한 것이다.

가계부채는 폭증하기 시작했다. 2014년만 해도 1089조 원이던 가계부채는 2015년엔 1203조 원으로 10.9%나 급증했다. 다시, 2016년엔 1344조 원, 지난해 1451조 원으로 끝없이 불어난다. 중앙은행의 저금리와 정책이 결합하면서 시중 유동성은 폭발적인 성장세를 기록한다.

## 2008년 이후 자산시장을 밀어 올린 힘

전체 글로벌 주택가격의 상승세는 완전히 '유동성' 논리에 부합한다. 금융위기 직후 폭격을 맞은 주택가격은 이후의 글로벌 초저금리 추세에 다시 반등한 다음 현재는 금융위기 직전의 가격을 거의 회복한 상태다.

아래 그림은 IMF가 57개국의 주택가격을 평균한 지수다. 2008년 2분기 금융위기 여파로 하락했던 글로벌 주택가격은 2013년 4분기 이후 꾸준한 상승세를 보인다.

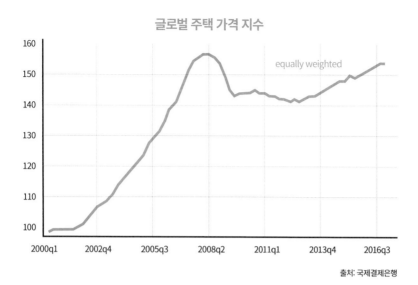

글로벌 주택 가격 지수

equally weighted

출처: 국제결제은행

글로벌 주식시장은 어떤가. 다음 그림은 모건스탠리캐피털인터내셔널(MSCI)이 발표하는 세계 주가지수다. 선진국 시장 23개, 신흥국 시장 24개를 평균한 것이다.

그림에서 보듯 2008년 금융위기 이후 급락한 시장은 각국의 유동성 팽창 정책에 힘입어 빠르게 회복한 뒤 현재는 금융위기 직전 고점을 넘어선 상태다.

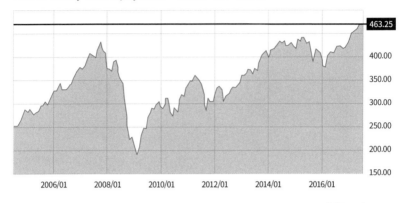

MSCI all-country World Equity Index ↣ **463.25**  0.00  (0.00%)

463.25
400.00
350.00
300.00
250.00
200.00
150.00

2006/01    2008/01    2010/01    2012/01    2014/01    2016/01

출처: Investing.com

세계 주요 중앙은행은 2008년 금융위기 이후 천문학적인 돈을 시중에 풀었다. 제로금리도 모자라 비전통적 통화정책인 양적 완화는 물론 심지어 마이너스 금리까지 동원하며 유동성을 공급했다.

다음 그림은 세계 주요 중앙은행 즉, 미국 연방준비제도이사회(연준), 중국 인민은행, 유럽중앙은행, 일본은행, 스위스 국립은행, 영란은행, 캐나다 중앙은행, 대만 중앙은행, 스웨덴 국립은행이 보유한 총자산 규모를 말해준다. 이들 중앙은행이 보유한 자산은 2007년 약 8조 달

## 세계 주요 중앙은행 총자산

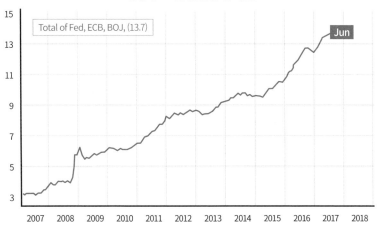

Total of Fed, ECB, BOJ, (13.7)

Jun

출처: Haver Analytics

러에 불과했다.

그런데 2015년 말 기준으로는 약 18조 달러에 달한다. 금융위기 이후 10조 달러가량이 늘었다. 이 말을 풀어 설명하면, 10조 달러, 우리 돈으로 무려 10경 원 이상을 시중에 풀었다는 얘기다. 이 중 주요 3대 중앙은행인, 연준, 유럽중앙은행, 일본은행의 총자산 합계는 약 2017년 6월 기준 약 14조 달러에 달한다.

이 돈이 향한 곳은 어딜까? 뻔하다. 부동산과 주식시장 등 자산시장 그리고 자동차, 학자금, 가계대출 등에 쓰였다. 특히, 이 돈들은 상대적으로 높은 고금리를 좇아 신흥국으로 향했다.

2008년 금융위기 이래 미국이 프린팅한 돈 중 국경을 넘어 국외로 방출된 것만 해도 2015년 말까지 대략 4조 5000억 달러에 달한다. 천문학적인 금액이다.

전 세계 달러 유통량의 3분의 2는 미국 국경 밖에서 유통된다. 이 돈은 전 세계를 누비며 투자된다. 글로벌 자산시장은 그 영향으로 값이 오른다.*

돈이 있으면 쓰기 마련이다. 한번 생각해보자. 여윳돈이 있다고 가정해보자. 대부분은 일단 소비를 생각한다. 그동안 사고 싶었던 것을 산다. 여윳돈의 규모에 따라 다르지만, 혹자는 집을 또 어떤 사람은 주식을 일부는 자동차를 아니면 운동화를 살 것이다. 이것들도 아니라면 먹고 싶었던 갈비라도 사 먹을 것이다.

현대 사회에서 소비가 자기 정체성을 확인하는 과정임을 부인할 사

---

* 달러가 유입되면 해당국 통화의 유동성은 그만큼 늘어난다. 자산을 사기 위해서는 달러를 해당국 통화로 환전해야 한다. 환전하는 액수만큼 해당국 통화 유동성은 늘어난다. 이렇게 늘어난 유동성은 해당국 자산시장에 투자돼 그 가격을 끌어올린다.

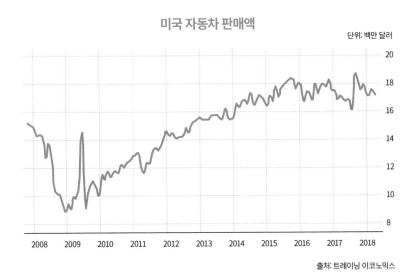

미국 자동차 판매액

단위: 백만 달러

출처: 트레이닝 이코노믹스

람은 없다. 선이냐 악이냐를 떠나 우린 그렇게 길들었다. 중세와 같은 명확한 신분제도가 철폐된 현대에서 자신이 남과 다름을 확인하는 혹은 확인해주는 유일한 행위는 소비의 정도다. "나는 포르셰를 소유하고 있다."란 결국 보통 사람과 나는 다르다는 것을 확인하는 과정이다.

투자 역시 타인과 다름을 증폭시키기 위한 행위다. 현재의 돈을 이용해 더 큰 돈을 벌어 다른 이와의 격차를 늘리고자 하는 심리다.

어쨌든 중앙은행은 사상 초유의 유동성 파티를 벌였다. 이 파티는 말 그대로 '돈 잔치'였다. 현대인의 '다르고 싶은 욕구'에 불을 지펴 소비에 기초한 경제를 활성화하는 게 그 목적이었다. 이 때문에 세계의 자산시장은 말 그대로 폭등했으며 이 글을 쓰는 2017년 중반까지도 '사상 최고치'를 연일 갱신하고 있다.

동시에, 무너져가던 자동차 등 소비재 시장 역시 회복됐다. 미국의 자동차 시장은 금융위기의 폭탄을 맞아 말 그대로 초토화됐었다. 하지만 2009년을 기점으로 판매액은 꾸준히 증가해 현재는 금융위기 이전 2007년 판매액을 넘어선 수준이다.

## 주요 중앙은행의 긴축 기조라는 반전

2008년 세계 금융위기 이후 계속된 주요 중앙은행의 통화정책 기조가 2017년 들어 변화 조짐을 보였다. 완화적 통화정책에서 긴축으로 방향을 선회할 신호를 보내고 있는 것. 사실, 이런 통화정책의 변화는 연준으로부터 시작됐다.

2015년 12월, 미 연준은 0.25%로 금리를 올렸다. 그 후 2016년 12월, 2017년 3월, 2017년 6월 각각 0.25%포인트씩 금리를 올렸다. 그리고 2018년 3월 연준은 다시 금리를 0.25%포인트 올렸다. 2018년 5월 현재 미국의 기준금리는 1.50%~1.75%가 됐다.

세계의 중앙은행이라 할 수 있는 연준이 긴축으로 방향을 틀면서 다른 중앙은행들도 속속 긴축으로 선회하고 있다. 유럽중앙은행은 양적 완화를 얼마나 빠르게 축소해 나갈지를 숙고하는 중이다.

동시에 마이너스 금리 정책에서 벗어날 시기를 저울질하고 있다. 영란은행은 브렉시트 직후 시행했던 양적 완화를 최근 끝냈다. 역시 금리 인상을 고려하고 있다. 캐나다 은행과 오스트레일리아 중앙은행 또한 금리 인상이 멀지 않았음을 시사하고 있다.

그러나 자산시장은 폭등세를 지속하고 있다. 왜일까? 중앙은행의 긴축 목표는 유동성 축소에 있다. 유동성이 축소되면 자산시장은 부정적인 영향을 받아야 한다. 현재의 국면은 얼핏 유동성과 자산시장의 상관관계 논리에 반하는 것처럼 보인다.

주요 중앙은행 중 긴축 기조를 명확히 한 곳은 미국 연준뿐이다. 나머지 중앙은행들은 그 시기를 저울질하는 단계다. 무엇보다 연준마저 끊임없이 금리 인상 속도를 조절하겠다고 다른 말로, 그 속도를 늦추겠다고 시장에 공언하고 있다. 이런 상황이 투자자를 안심하게 만드는 것이다.

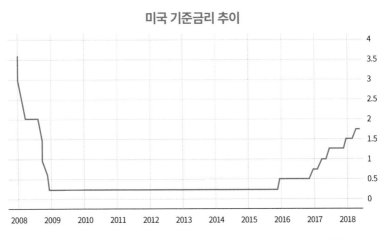

### 미국 기준금리 추이

출처: 트레이닝 이코노믹스

돈값은 앞으로도 낮은 수준을 유지할 것이며 유동성 축소는 급격히 이루어지지 않으리라는 전망이 투자자들에게 자산시장에서 철수하지 않아도 된다는 심리적 안정감을 주는 것이다. 이 때문에 자산시장의 폭등세가 지속할 수 있으리란 기대는 거둬지지 않고 있다. 무엇보다 피그말리온 효과가 작용하고 있다고 봐야 한다.

한국 주택시장을 보면 잘 알 수 있다. 2008년 금융위기를 맞아 유동성 축소로 하락기에 들었던 주택시장은 박근혜 정부 들어 지속해서 상승세를 보인다. 특히, 2014년 8월 최경환 당시 부총리 취임 이후 '빚 내서 집 사라'라는 정책 기조에 따라 주택시장은 완연한 회복세로 들어선다. 강남 재건축단지와 분양시장을 중심으로 꾸준히 상승세를 보였다.

이 모두는 유동성 확대란 거시적 특성과 정책 지향점이 한 곳으로 집중된 결과였다. 강조하지만, 자산시장은 국가를 이기지 못한다. 일부 전문가들이 인구 고령화 등의 이유로 주택시장의 지속적 침체를 강조했지만, 주택시장은 이를 비웃듯 강세장을 연출했다. 이런 일이 발생한 근본적인 이유는 정부 정책의 영향력을 간과한 탓이다.

자산시장의 향배를 결정하는 가장 큰 동인은 유동성이고, 그다음이 정책 기조다. 마지막은 피그말리온 효과 즉, 시장 참여자의 기대와 심리다. 한국의 주택시장은 이 삼박자가 어울리며 2014년 이후 꾸준한 강세장을 유지하고 있다.

주목할 게 있다. 2017년부터 위 삼박자 중 최소한 두 개가 반대 방향으로 움직일 조짐을 보인다는 점이다.

하나는, 미국을 포함한 글로벌 중앙은행들의 긴축 기조다. 이것이 말하는 바는 명확하다. 아직은 뚜렷한 움직임을 보이지 않지만, 무엇보다 앞에서 설명했듯 금융위기 이후 뿌려진 돈의 천문학적 규모 탓에 티가 안 날 뿐이지 유동성은 점진적으로 줄어든다는 것이다.

혹자는 묻는다. 미국이 금리를 올리는데 왜 한국이 영향을 받느냐고. 간단하다. 글로벌 시장은 통합된 시장이기 때문이다. 한국 내 유동성은 한국은행만이 좌우하는 게 아니다.

외국인 자금은 한국 증시와 자산시장에 큰 역할을 한다. 이들 자금은 자연스레 금리를 좇아 움직인다. 돈은 이자를 더 주는 곳으로 움직이게 돼 있다. 미국의 금리가 한국보다 높은 상황에서 굳이 한국에 투자할 이유가 없다.

내국인 역시 마찬가지다. 미국 은행이 금리를 더 높인다면 굳이 한국에 돈을 묶어두어야 할 이유가 없다. 결론적으로 글로벌 긴축 기조는 글로벌 전체의 유동성이 줄어든다는 것을 뜻한다. 유동성이 줄면 자산시장은 부정적 영향을 받는다.

또 하나, 정책 기조의 변화다. 박근혜 정권 내내 지속한 주택부양책은 문재인 정부가 들어서며 주택시장 안정화 정책으로 바뀌고 있다.

2017년 6월, 문재인 정부는 이른바 투기에 대한 단속, 대출규제 등을 시행하고 있다. 정식 명칭은 '주택시장의 안정적 관리를 위한 선별적 맞춤형 대응방안'이다. 명칭에서 보듯, 선별적/맞춤형 대응방안이다. 전면적 규제가 아니란 뜻이다.

이는 주택시장, 나아가 건설 부문이 한국의 경제성장률에서 차지하는 비중을 고려한 대응일 것이다. 한편으로 주택시장의 전면적 규제는 생각보다 부작용이 클 수 있다는 판단도 작용했을 것이다. 하지만, 전체적인 틀로 보면 2014년부터 시행한 주택시장 완화 움직임이 변화하기 시작했다는 점은 분명하다.

남은 변수는 바로 시장 참여자의 기대와 전망이다. 이 글을 쓰고 있는 시점은 2017년 7월이다. 방송에서는 6·19대책으로 주춤하던 주택시장이 다시 활기를 보인다는 뉴스가 흘러나온다. 이는 피그말리온 효과의 파장을 잘 말해준다.

자산시장을 움직이는 삼박자 중 두 개가 방향을 틀었는데도, 시장 참여자들은 여전히 주택시장이 상승세를 지속할 거란 믿음을 버리지 않고 있다. 이 믿음이 규제가 미치지 않는 부문으로 유동성을 집중시키고 있다.

더욱이 지난 몇 년, 주택시장 참여자들은 달콤한 이득을 봤다. '부동산 불패'란 신화가 계속되고 있음을 눈으로 확인했다. 이에 대학생들까지 이른바 '갭 투자'로 부동산 사재기에 나섰다. 문제는 이들 중 상당수가 '재미'를 봤다는 데 있다.

고등학교 동창 하나도 이런 식의 투자로 꽤 많은 돈을 벌었다. 그리고 6·19부동산대책이 발표되었는데도 다시 갭 투자에 나섰다.

서울 아파트 분양권 전매로 번 돈을 연신내 쪽 연립주택에 전세를 끼고 투자했다. 그가 투자하면서 한 말이 인상적이었다. "한국 부동산은 불패야. 돈 벌면 술 한 잔 사마!" 그는 전문 투기꾼이 아니었다. 그저 평범한 학원을 운영하는 원장이었다. 한데, 속칭 부동산 한 방으로 자신이 몇 년 벌어야 할 돈을 벌었으니 그가 다시 부동산에 욕심을 내는 것도 무리는 아니다.

이런 시장 참여자의 심리는 이른바 여진을 만들어낸다. 분명, 큰 흐름이 바뀌는데도 이들은 애써 부정한다. 이들의 염원과 기대가 시장의 흐름을 일정 기간 지속하게 만드는 원동력이 된다. 발 빠른 스마트 머니*들은 시장을 떠나고 있지만, 이들이 계속 진입하면서 시장은 한동

---

\* 고수익을 위해 장세의 변화에 따라 신속하게 움직이는 자금. 돈이 될 수 있는 대상을 가려내 한발 앞선 투자를 한다는 점이 특징.

안 상승세를 유지한다.

그러나 모든 자산시장엔 그 끝이 있다. 유동성이 마르고 거기에 정책이 추가되면 시장은 어느 순간 탄력을 잃는다. '이번엔 다를 것'이란 기대는 펀더멘탈 앞에서 속수무책으로 무너진다. 시점은 언제나 정확하다. 이 책이 출판돼 시장에 나올 즈음이면 그 결과는 명확해질 것이다.

피그말리온 효과는 신화 속에서 가능한 일이다. 금융시장을 포함한 자산시장에서도 가끔 보이는 현상이지만, 그 지속성엔 한계가 있다. 무언가의 가격이 지속해서 오르려면 반드시 기초가 튼튼해야 한다. 삼성전자, 구글의 주가가 계속 오르는 건 그만큼 이들 회사의 토대가 강건하다는 뜻이다. 하물며, 이들 회사도 유동성 축소 시기엔 폭락을 한다.

이를 기억해야 한다. 시장에 참여할 거라면 현상을 보지 말고 본질에 집중해야 한다. 자산시장의 본질은 '유동성'이다. 그다음이 국가의 '정책'이다. 대중의 기대와 믿음은 시장을 일시적으로 부양시킬 수 있으나, 지속하게 만들 수는 없다.

# 2

어떻게 부의
타이밍을 잡나 Ⅰ

## 현대 경제는 화폐의, 화폐에 의한, 화폐를 위한 경제

현대 경제는 화폐경제다. 화폐경제는 화폐를 재화의 교환과 유통의 수단으로 하는 경제 체제를 말한다. 초기 화폐경제는 화폐가 경제의 보조물 혹은 윤활유 역할을 하는 데 그쳤다. 하지만 오늘의 화폐경제는 화폐가 경제를 지배하는 데까지 발전(?)했다.

오늘날 경제는 화폐 현상이라고 정의할 수 있을 정도로 돈이 모든 걸 지배하는 세상이 됐다. 경제는 이제 화폐를 풀고 거둬들이는 행위, 이른바 통화정책이 결정한다. 거시경제지표 즉 성장률은 물론 개인의 소비와 기업의 투자 역시 중앙은행과 정부의 화폐 공급으로 결정한다.

화폐 공급이 늘면 경기는 일반적으로 확장 국면을 보이고 자산 가격은 오른다. 반대로 화폐 공급이 줄면 경기는 축소 국면을 보인다.

개인의 소비와 기업의 투자 역시 통화정책에 영향을 받는다. 중앙은행이 돈을 풀면, 다시 말해 저금리 체제를 유지하면 개인들의 씀씀이와 기업의 투자는 늘어나는데, 돈줄을 조이면 즉, 금리를 올리기 시작하면 개인들의 씀씀이와 기업의 투자는 줄어든다. 화폐는 경제 주체인 개인, 기업, 정부의 씀씀이를 결정하는 가장 중요한 변수다.

2018년 5월 현재, 새삼 한국 경제를 어떻게 볼 것이냐를 두고 경기 논쟁이 한창이다. 경기가 침체 국면 초입 단계에 있다는 주장과 경기회복세가 지속하고 있다는 당국의 반박이 이어진다.

이코노미스트들 간에 벌어지는 이런 논쟁은 어쩌면 당연한 종착지다. 경제 흐름의 진단은 '전망'의 영역인 탓이다. 전망과 예측은 어떤 통계 혹은 지표를 사용하느냐에 따라 달라질 수 있다. 문제는 이런 논쟁이 경제 현실과 구조를 얼마나 충실히 반영하고 있느냐다.

이런 상황에서 한국은행이 내놓은 〈경기변동성 축소에 대한 재평가〉란 제하의 보고서를 음미해볼 필요가 있다. 보고서의 핵심은 한국의 경기변동성이 주요국과 비교할 때 과도하게 줄고 있다는 것이다. 이를 해석하면 경기 호황과 침체를 구분하는 각종 경제지표의 편차가 줄었다는 말로, 결국, 경기 국면을 제대로 식별하는 게 어려워졌다는 뜻이다. 한데, 이런 경기변동성 축소 현상은 우리나라에 국한돼서 나타나는 문제는 아니다. 고전적 경기변동이 엷어진 것은 전 세계가 겪고 있는 공통된 현상이다.

"모든 자본주의 사회에서는 경기변동이라 부르는 호황기 ‒ 후퇴기 ‒ 불황기 ‒ 회복기의 과정이 반복적으로 나타난다. 경제는 항상 확장과 수축을 한다."

이것이 고전적 경기변동이론의 핵심이다. 하지만, 이 패턴은 무너졌다. 지난 10년을 돌아보면 명확히 호황이라 부를 수 있는 국면이 없었다. 긴 불황과 엷은 회복만이 이어졌을 뿐이다.

미국을 예로 들면, 고통스러운 경기 수축 경험 뒤에 허약한 성장이 뒤따랐다. 과거의 경험으로 본다면 회복기와 호황기에 국내총생산GDP 성장은 3% 이상이 되어야 한다. 하지만 2% 성장에 머물렀다. 최근 미국에서 3% 성장이 나타나고 있지만, 그것이 얼마나 지속할지는 미지수다. 유럽과 일본은 말할 필요도 없다.

## 신용 사이클에 의한 경제

더는 경기변동이 명확히 나타나지 않으리라는 사실을 깊이 이해할 필요가 있다. 경기변동 대신 통화정책이 좌우하는 신용credit 사이클의 변화만이 완연할 뿐이다.

중앙은행이 금리를 극한까지 낮추면 이 때문에 우리는 대부분 많은 돈을 빌릴 수 있게 되고, 반대로 중앙은행이 긴축으로 선회하면 유동성은 사라지고 부채를 얻는 게 힘들어지는 두 가지 상황만이 선명하게 반복될 뿐이라는 것이다. 신용의 확대와 축소가 경제를 좌우하는 세상이 됐다. 경기변동 대신 신용 변동이 그 자리를 대신하고 있다.

여기서 신용credit이란 단어에 주목할 필요가 있다. 신용이란 상품이나 물품을 매매, 거래할 때 그 대가를 뒷날 지급한다거나 금전을 대차하는 따위의 인간관계를 말한다. 경제 용어로 신용은 채권, 채무 관계를 내용으로 하는 인간관계를 가리킨다. 간단히 말해, 신용을 확대한다는 말은 더 많은 돈을 빌려준다는 뜻이고, 신용을 축소한다는 말은 돈을 빌릴 수 있는 조건을 제한한다는 뜻이다.

현대 경제는 화폐경제이자 신용경제다. 화폐를 매개로 경제 행위가 일어나는 동시에 그 화폐 대부분은 경제 주체가 온전히 소유한 현금이 아니라 신용 관계에서 획득한 빌린 돈으로 이루어진다. 돈을 빌려주지 않거나 빌리지 않는다면 현대 경제는 멈춘다.

신용 관계에서 은행은 그 핵심에 있다. 은행은 신용의 중개자이자 신용의 주요 공급처다. 현대 경제의 주체인 가계와 기업은 대부분 신용을 통해 현금을 확보한다. 빌려서 쓰고 빌려서 투자한다. 빌려서 집을 사고 빌려서 공장을 짓는다. 빌려서 가전제품을 사고 빌려서 사람을 고용한다. 빌려주고 빌리는 다시 말해 신용 공급과 수요가 없다면 현대 경제는 존재할 수 없다.

문제는 이런 신용경제, 화폐경제가 더는 경제의 보조물이 아니란 사실이다. 신용, 화폐경제가 오늘의 경제를 쥐락펴락하는 세상이 됐다.

　과거로 돌아가 보자. 그린스펀 전 연준 의장은 1990년대 말 비정상적으로 금리를 내렸다. 당시 경기는 호황 국면이었다. 그런데도 그는 저금리를 추구했다. 이른바 Y2K 우려와 1998년에 발생한 신흥국 금융위기에 대한 대응으로 유동성을 공급한다는 명분이었다.

　하지만 신용 확대는 2000년대 초반 닷컴 버블 붕괴의 씨앗이 됐고 침체가 뒤따랐다. 버냉키 역시 2000년대에 차입자들에게 매우 후한 통화정책을 시행했다. 하지만 이런 정책은 주택시장에 거품(버블)을 불러와 2008년 금융위기와 대침체의 원인이 됐다. 신용의 확대와 축소에 따라 경기가 변동된 셈이다.

　부채가 연료가 되는 성장은 초기엔 무척 매혹적이다. 하나, 시간이 흐르면 부채 공급으로 더는 성장이 촉진되지 않는다. 한 단위의 GDP 성장을 위해 점차로 더 많은 부채 공급이 필요해진다. 그 결과 천문학적인 부채 공급에도 완만한 회복세만 수년 동안 이어질 뿐이다. 그것이 명확한 경기변동이 나타나지 않는 이유다.

전통적인 경기변동이론이 아직도 유효하다고 믿는다면 이는 현대 경제의 구조를 이해하지 못하고 있다는 방증이다. 오늘의 경기는 신용이 좌우한다. 문제는 신용 팽창이 영원할 수 없다는 데 있다.

신용을 팽창해 경기회복을 꿈꾸지만, 신용 확대는 어느 순간 외려 건전한 성장의 발목을 잡는다. 그러는 사이 부채에 길든 경제 주체는 자생력을 잃는다. 중앙은행의 신용 확대가 주춤하는 순간 경제 주체는 쉽게 흔들린다. 돈으로 만들어지고 부채로 결정되는 신용경제를 이해하지 못한다면 자산시장의 등락 메커니즘은 영원히 알 수 없다.

## 2018년과 그 이후 자산시장의 이상 흐름
## : 천장 뚫은 주가지수와 부동산 활황의 배경

2018년 글로벌 경제성장률 전망치는 좋다. 세계은행은 2018년 글로벌 경제성장률을 3.1%로 전망했다. 2017년 6월과 비교해 0.2%포인트 상향 조정된 것이다. 만성적 침체에 시달리던 유로 지역과 일본의 성장률 전망치가 올라간 덕분이다. 유럽과 일본의 경제회복세가 확연해지고 있다는 의미다. 2008년 금융위기 직후 침체가 시작됐으니 강산이 한 번 변했을 10년 만에 겨우 회복세가 가시화하고 있다.

그러나 여전히 한국 경제는 물론 세계 경제가 완연한 봄을 맞았다고 보기는 어렵다. 주요 선진국은 여전히 3%에도 미치는 못하는 성장세를 보이고, 2000년대 초 10% 이상 두 자릿수 성장세를 보이던 중국도 6%대 성장을 하고 있다. 경제가 회복세를 보인다고 하지만, 향후 잠재성장률 전망은 그리 낙관적이지 않다.

세계은행은 2018년부터 2027년까지 향후 10년간 세계 경제의 평균 성장률이 지난 5년간(2013~2017) 평균 대비 0.2%포인트 내려간 2.3%일 것으로 예상했다. 잠재성장률 저하 때문이다. 세계은행은 선진국과 중국의 투자 수준 하락과 고령화를 주요 원인으로 꼽았다. 다른 원인으로는 정보통신기술 성숙 등을 들었다.

실물 경제*는 어쨌거나 폭발적 성장세를 보이지 않는다. 앞으로도 나이질 기미가 없다는 것이 세계 유수의 경제기관들이 내놓는 전망이다.

그런데 자산시장만은 그렇지 않다. 금융위기 직후 폭락세를 보이던 자산시장은 실물 경제의 침체와는 별개로 폭등했다. 자산시장은 실물 경제와 유리된 채 고공행진을 지속했다. 금융위기가 발발한 지 10년이 지난 2017년 말, 글로벌 주식시장은 역사적 고점을 갱신했다. 부동산 역시 금융위기 직전 고점을 넘어섰거나 다다랐다. 한국도 예외는 아니

---

* 상품과 서비스의 생산, 유통, 소비 등과 관련된 경제활동을 말한다. 일반적으로 주식, 부동산 등 금융경제와 대비된다. 자산시장은 주식과 부동산을 포함한 경제활동이 일어나는 곳으로 금융경제에 해당한다.

다. 2007년 고점을 갱신했고 부동산은 폭등했다.

그러던 자산시장이 2018년 들어 이상 조짐이 발견됐다. 부동산시장이 조정 양상을 보이는 것. 다음 기사는 2018년 2월 7일 자 조선일보 기사다.

미국 금리 인상이 가속화하는 가운데 글로벌 유동자금이 집중적으로 몰렸던 세계 주요 도시의 부동산도 가격 조정이 시작되고 있다. 대표적인 상품이 오피스와 소매 점포용 건물 등 미국 상업용 부동산이다. 재닛 옐런 전 미국 연방준비제도Fed 의장도 최근 퇴임하면서 "임대료에 비춰봤을 때 상업용 부동산이 꽤 비싸다"고 지적했다.

미국 상업용부동산중개협회SIOR에 따르면 상가·오피스텔 등 상업용 빌딩 가격 지수CREI는 2009년 말 35.5포인트이던 것이 8년 만에 127.3포인트로 3.6배 급등했다. 10억 원짜리 건물이 8년 만에 36억 원이 됐다는 의미다. 미국 전체 부동산 특히 주택시장 경기는 여전히 상승세다. 하지만 부동산 경기에 가장 빠르게 반응하는 뉴욕에서는 이미 가격 조정이 시작됐다. 상업용 부동산 중개업체 PD프로퍼티스의 토니 박 대표는 "매매가격 급등으로 2016년까지만 해도 연 임대 수익률 3.5%짜리들이 맨해튼에 수두룩했는데, 금리가 오르기 시작하면서 매매가격도 수익률 5% 안팎 수준에 맞춰 수십만 달러(수억 원)씩 하나둘 내리고 있다"고 말했다.

최근 2년간 연속으로 10%대 집값 상승을 겪은 캐나다 토론토에서도 올 한 해 집값이 그대로 유지되거나 소폭 내릴 것이라고 현지 부동산위원회TREB가 전망했다. 대표적인 글로벌 투자처인 영국 런던도 분위기가 비슷하다. 집값이 1년간 중심부는 4% 떨어졌고, 풀럼 지역은 4.6% 떨어졌다. 시장 분석 업체 '새빌스'는 주택담보대출 규제와 영국의 유럽연합EU 탈퇴에 따른 시장 불안이 본격적으로 시장에 영향을 줄 것으로 전망했다.

주식시장도 마찬가지다. 금융위기 이후 거칠 것 없이 질주하던 글로벌 주식시장은 2018년 들어 조정 양상을 보인다. 다음은 2018년 2월 19일 자 머니투데이 기사다.

최근 글로벌 주식시장의 분위기가 심상치 않다. 한동안 잠잠했던 변동성이 다시 증가하고 있다. 글로벌 주식시장의 변동성이 다시 증가하는 이유는 무엇일까? … 글로벌 주식시장의 조정 요인으로 거론되고 있는 것은 금리의 상승 속도가 너무 빠르다는 점이다. 미국채 10년물 금리가 심리적 저항선이 2.7%를 넘어서자 금리 상승 속도도 급격히 빨라졌고 주식시장도 부정적인 반응을 보였다.

왜 이런 일이 발생하는 걸까? 현재 세계 경제는 순항 중이다. 일반적으로 경기가 좋으면 자산시장이 올라야 하고 경기가 나쁘면 자산시장도 부정적인 영향을 보여야 한다. 한데, 현실은 정반대로 움직인다.

경기가 최악이던 금융위기 이후 침체기에 자산 가격은 되레 오르기 시작했다. 그리고 경기가 나름대로 견고한 성장세를 보이는, 다시 말해 침체라는 터널을 통과한 후부터 반대로 조정 양상을 보인다. 선뜻 이해가 가지 않는 현상이 발생하고 있다.

바로 '유동성' 때문이다. 자산시장은 유동성의 결과물로 돈이 풍부하거나 풍부해질 가능성이 크면 자산시장은 오른다. 역으로 돈이 줄어들거나 줄어들 가능성이 보이면 자산시장은 하락한다. 유동성의 마술이다.

위 기사에서 보듯 최근 자산시장의 조정 양상은 미국 금리 인상 움직임 때문이다. 미국 중앙은행인 연준이 금리를 올린 건 2015년 12월. 금융위기 이후 지속하던 제로금리를 0.25%포인트 올렸다. 그리고 1년 후인 2016년 12월, 다시 0.25%포인트 올렸다. 일 년 만에 올린 것이다. 당시만 해도 금리 인상 속도가 가파르지 않았다. 이후 인상 속도는 점차 빨라졌다.

2018년엔 최소 세 번 혹은 네 번 정도 인상하리라는 전망에 무게가 실린다. 금리가 오른다는 얘기는 시중의 유동성이 줄어든다는 것을 뜻한다. 시중의 돈이 줄어든다는 얘기는 돈값이 오른다는 말이고, 돈값이 오른다는 얘기는 돈과 교환되는 '모든 것'의 가격이 내린다는 것을 뜻한다.

돈값이 쌀 때 즉 저금리 환경에서는 돈이 풍부해진다. 풍부한 돈은 저금리 상황을 극복하고자 무언가를 사려고 시도한다. 은행에 맡겨놔 봤자 형편없는 이자를 받기 때문이다. 많은 돈은 자연스레 자산시장으로 향한다. 돈이 몰릴수록 자산시장은 오르게 된다.

반대로, 돈값이 비쌀 때 즉 고금리 환경에서는 시중에 돈이 줄어든다. 은행에 맡겨 놓으면 비교적 높은 이자를 받을 수 있다. 동시에 더는 돈을 싸게 빌릴 수도 없다. 싸게 빌렸던 돈의 이자가 높아지면서 돈을 갚기 시작한다. 시중의 돈은 금융기관으로 자연스레 퇴장한다. 자산시장에 몰렸던 돈 역시 그렇다. 그 결과 자산시장은 내림세를 보인다.

자산시장의 성과는 유동성의 결과물이지, 경기의 부침과는 별다른 상관관계가 없다. 외려 경기가 좋아지면서 금리가 오르면 자산시장은 타격을 받게 된다. 글로벌 자산시장이 막 조정 양상을 보이는 것은 유동성 축소의 결과물이다.

금리 변화는 자산시장에 직접 영향을 미친다. 다만, 일종의 지체시간lag time*을 두고 시장에 영향을 미친다. 일반적으로 미국은 18개월의 지체시간이 있다. 연준이 본격적으로 금리를 올리기 시작한 시점을 2016년 말로 본다면 2018년 후반기부터 자산시장에 부정적인 영향이 가시화할 수 있다는 얘기다.

실제로 2018년 들어 '하우스 유포리아**'라는 용어까지 등장할 정도로 호황을 누리던 세계 주택시장에 먹구름이 드리워지고 있다. 2016년 IMF는 세계 주택시장의 대붕괴Great Housing Crash 가능성을 예고했다. 당시엔 별다른 주목을 받지 못했지만 2018년 들어 그 전망이 단순한 추측이나 예언이 아닐 수 있음을 글로벌 주택시장은 보여주고 있다.

그렇다면 글로벌 유동성을 결정하는 가장 큰 요인은 무엇일까? 미국

* 어떤 자극이 주어진 후 그 영향이 결과로서 나타날 때까지 지체되는 시간.

** 부동산시장의 낙관론.

의 중앙은행이자 세계의 중앙은행인 연준의 통화정책이다. 연준이 긴축 스탠스를 취하느냐 반대로 하느냐가 글로벌 유동성을 결정한다. 쉽게 설명하면 연준이 금리를 올리면 세계 유동성은 감소하고, 금리를 내리면 증가한다. 달러가 세계의 돈이기 때문이다.

지엽적으론 유럽중앙은행, 영란은행, 일본은행, 인민은행의 스탠스도 영향을 준다. 특히, 세계 2위의 경제 대국으로 부상한 중국 중앙은행인 인민은행의 통화정책도 글로벌 자산시장에 큰 영향을 끼친다. 특히 글로벌 부동산시장에는 절대적으로 그렇다. 위안의 놀라운 힘은 조금 뒤에 살펴보겠다.

# 미국의 달러 공급이라는 나비 날갯짓

모든 거래엔 결제란 행위가 반드시 동반된다. 그 수단은 '돈'이다. 한국 내에선 극히 예외적인 경우를 빼곤 원화가 결제 수단으로 쓰인다. 그 렇다면 범위를 넓혀 국제무대에서는 어떤가. 단연코 미국 달러가 결제 통화로 쓰인다. 특히, 국제간 교역에서는 달러가 지배적 지위를 점하고 있다.

국제 교역의 기본통화로 쓰이는 돈을 '기축통화'라고 한다. 다시 말 해, 기축통화란 국제간 교역의 결제 수단으로 일반화된 통화, 세계의 돈을 가리킨다. 현재는 미국 달러, 유로화, 엔화 등이 기축통화다. 다 만, 미국 달러를 제외한 타 통화의 영향력은 상대적으로 미미하다. 미국 달러는 절대적인 기축통화 지위를 갖고 있다.

통상 특정 국가 통화량은 자국 중앙은행이 결정한다. 침체기엔 저금리 정책을 써 통화량을 늘리고 호황기엔 긴축정책을 써 줄이는 방식이다. 이것이 통화정책의 핵심이다. 미국도 같다. 문제는 달러가 '세계 통화'라는 데서 발생한다.

달러는 세계 통화지만 그 통화량 조절은 온전히 미 연준이 결정한다. 달러의 발행 권한을 세계가 아닌 미국이 온전히 가진 것이다. 연준은 세계가 아닌 미국을 위해 존재하는 조직이다. 통화 발행자와 유통 지역의 불일치는 세계 경제에 치명적 약점이다.

연준이 저금리 정책 이른바, '완화적 통화정책'을 시행하면 달러 발행은 늘어난다. 그렇게 늘어난 달러는 미국에만 머물지 않는다. 달러는 이미 세계의 돈이기 때문이다. 달러가 세계에 풀린다는 얘기는 결국 세계의 유동성이 증가한다는 얘기다.

가령, 미국 달러가 한국에 물밀 듯 밀려들면 어떤 일이 발생할까? 미국 달러가 한국에 들어오는 이유는 한국 자산시장에 투자하기 위해서다. 대부분 그렇다. 일부분은 한국에서 비즈니스 하려고 직접투자

형식으로 들어오기도 하지만 그 액수는 상대적으로 미미하다.

한국 자산시장에 투자된 달러는 원화로 교환된다. 결국, 원화 유동성은 들어온 달러만큼 늘어난다. 이 원화는 또다시 한국의 특정 자산과 교환된다. 주식, 채권, 부동산 등 자산 가격은 이렇게 오르게 된다.

한국의 중앙은행이 긴축 기조를 유지하고 있다 해도 미국 연준이 완화적 통화정책을 사용하면 결국 한국의 자산시장은 오를 수밖에 없다. 이 점을 이해해야 한다. 한국 자산시장을 움직이는 동력은 원화 유동성 이상으로 달러 유동성이 지배한다는 사실을 말이다.

다음 그림은 2017년 5월에 발표된 위스콘신 밀워키 대학의 논문 〈신흥국 경제의 달러 신용 증가와 미국 통화정책〉이란 논문에서 발췌한 것이다. 그림에서 보듯 미국 금리가 내려감에 따라 신흥국 경제의 달러 신용액은 증가하고 있다. 미국의 초저금리가 신흥국으로의 달러 유입을 증가시켰다는 얘기다.

그림에서 금리가 마이너스인 이유는 이 논문이 기준으로 삼고 있는 금리가 잠재금리Shadow rate이기 때문이다. 명목금리는 0% 이하로 내려갈 수 없으나, 기관투자가를 비롯한 여러 투자자가 시장에서 인지하고 있

**신흥국 달러 신용 추이**

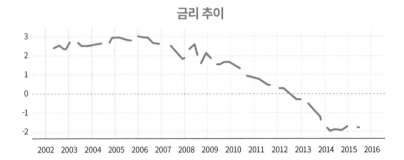

**금리 추이**

는 금리는 이보다 훨씬 낮을 수 있다.

시장이 인식하는 금리를 체감금리라고 하는데 이런 금리를 잠재금리라 칭한다. 다시 말해, 시장이 인식하는 금리 수준을 말한다.

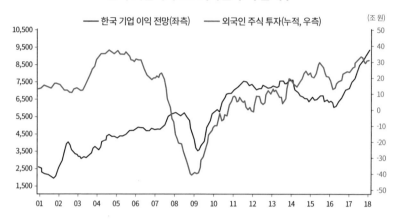

### 한국 기업이익 vs. 외국인 주식 순매수

— 한국 기업 이익 전망(좌측)　　— 외국인 주식 투자(누적, 우측)　　(조 원)

그렇다면 이처럼 늘어난 달러 유동성은 한국 시장에 어떤 영향을 미쳤을까. 위 그림을 보면 연준 금리 인하와 한국 주식시장에 밀려든 달러 유동성과는 분명한 상관관계를 갖는다. 강조하지만, 미국의 완화적 통화정책은 한국 자산시장 특히, 주식시장 부양의 한 촉진제가 됐음을 부인할 수 없다.

2017년 12월 기준으로 결산 상장법인 주식투자자는 506만 명에 달한다. 이는 전년 대비 12만 명 증가한 수치다. 비율로 보면 개인투자자가 99%다. 법인주주는 0.4%, 외국인 주주는 0.3%에 불과하다.

그런데 주식시장에서 고작 0.3%를 차지하고 있을 뿐인 외국인 주주의 영향력은 실로 막강하다. 실제로 외국인의 코스피 시장 주식 보유 비중은 37.1%에 달한다. 외국인 투자자들의 움직임이 코스피 시장을 좌우한다고 해도 과언이 아니다.

결국, 개인투자자들은 외국인들의 동향을 알아야만 투자 수익을 볼 수 있다. 문제는 개인투자자들의 투자 패턴이 단기적이라는 데 있다. 긴 호흡으로 보면, 외국인 투자자들의 유동성은 미국 연준을 포함한 유럽중앙은행 등 선진국 기축 통화권 중앙은행들의 통화정책으로 결정된다.

만약, 이들 중앙은행이 그것이 어떤 이유에서든 장기적으로 금리를 내리거나 내릴 수밖에 없는 길을 가야 한다면, 그것은 곧바로 외국인들의 유동성이 풍부해진다는 것을 뜻한다. 물론 이 돈은 국경을 넘어 상대적으로 견고한 경제 흐름을 보이는 국가들로 향한다. 그중엔 물론 한국도 포함된다. 역설적인 얘기지만, 경기침체기가 외려 자산시장 투자의 적기가 될 수 있다. 각국이 유동성 팽창 즉, '돈 풀기'에 나서기 때문이다.

## 중국의 자본 통제와 글로벌 부동산시장

국토교통부 자료를 보면 2017년 2월 제주도의 주택 매매량이 857건
으로 지난해 같은 기간의 1,112건보다 23%가량 줄었다. 이는 지난달
전국 주택 매매량이 1년 전보다 7.1% 증가한 것과 비교할 때 이례적인
일이다.

해석은 엇갈린다. 언론은 사드 배치에 따른 중국인 투자 감소의 영
향으로 추론한다. 반면, 국토부 관계자는 그동안 제주 지역의 집값이
너무 올라 관망세가 강해진 것으로 해석하고 있다.

진실은 뭘까? 섣부른 해석은 금물이다. 하지만 2016년에만 중국인

이 사들인 국내 토지가 서울 여의도 면적에 육박한다는 점을 고려해야 한다. 중국인은 한국 부동산의 큰손이었다.

YTN 보도에 따르면 중국인이 사들인 국내 토지는 미국인의 2.7배, 일본인의 24배에 달한다. 중국인 투자자는 2016년에만 262만㎡의 토지를 사들여 기타 국가(101만㎡), 미국(97만㎡), 일본(11만㎡) 투자자를 압도했다.

제주도는 게다가 중국인 매수세가 집중됐던 곳이다. 제주도에 따르면 2016년 10월 말 기준, 중국인이 소유한 제주도 토지가 977만1천 856㎡로 외국인 전체가 소유한 토지(2천268만1천472㎡)의 43.1%에 이른다. 이 때문이다. 그 이유가 무엇이든 중국인 투자 감소가 제주 부동산 내림세의 한 원인이 되었다는 점을 부정할 수는 없다.

다만, 언론이 잘 못 짚은 게 있다. 대다수 언론 보도는 제주도 지역의 부동산 내림세를 사드 배치의 후폭풍인 양 취급했다. 마치, 사드 배치로 한국만 유일하게 중국인 부동산 매수세가 줄어든 것처럼 말하고 있다. 이는 현상 일부분일 뿐이다.

중국인 매수세가 줄어든 근본적 원인은 다른 데 있다. 중국인의 부동산 매입이 줄어든 곳은 한국만이 아니다. 글로벌 부동산시장 전체에 중국인 매수세가 줄고 있다. 결국, 사드 배치 여파로 제주도 부동산

## 홍콩 주택가격지수

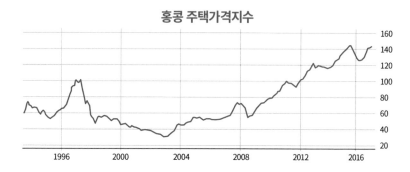

## 영국 주택가격지수

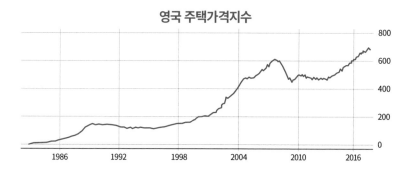

## 캐나다 신규주택가격지수

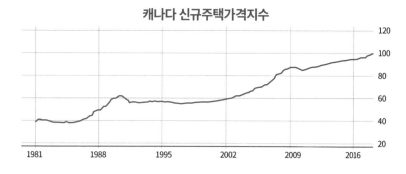

출처: 트레이닝 이코노믹스

값이 하락한다는 것은 온전한 진실이 아니다. 사드가 아니라 중국인이 국외 부동산 매입을 전체적으로 줄이고 있다는 게 진짜 원인이다.

금융위기 이후 글로벌 부동산시장은 호황이었다. 이는 전문가들의 예상을 뒤집는 일이었다. 영국, 캐나다, 호주, 홍콩, 미국 등 주요국의 부동산은 금융위기 직전 상태 혹은 그 이상으로 회복됐다.

위 그림을 보면 세계 부동산시장은 지난 몇 년 실물 경제의 위축과는 별개로 호황이었다는 점을 알 수 있다. 특히, 중국인 매수세가 집중됐던 홍콩, 캐나다, 싱가포르의 집값은 상당한 수준으로 올랐다.

캐나다 밴쿠버는 중국인들의 부동산 투자로 집값이 폭등해 브리티시 컬럼비아주 차원에서 2016년 8월부터 외국인에게 주택가격의 15%를 특별취득세로 부과하기도 했다.

2016년 중국의 해외부동산투자 규모는 전년보다 37% 증가한 350억 달러(약 42조 원)에 달할 것으로 추정된다. 이는 지난 몇 년간 중국 주택가격이 급등하면서 국외의 저평가된 부동산 매입에 중국인들이 열을 올린 결과였다고 KB금융연구소가 분석했다.(2017년 2월 22일 발표 보고서)

## 중국의 외화보유액과 자본 통제

글로벌 부동산시장의 호황이 끝나가고 있다는 분석이 나오고 있다. 중국발 자금 유입이 멈출 조짐을 보이기 때문이다. 금융위기 이후 글로벌 부동산시장의 큰손은 누가 뭐래도 중국인이었다. 중국인 매수세가 멈추거나 줄어들면 타격을 받을 수밖에 없다.

중국 중앙은행인 인민은행은 2017년 2월 외화보유액이 3조 달러를 넘어섰다고 발표했다. 시장 전망과는 정반대 상황이다.

중국의 외화보유액은 2016년에만 약 2,200억 달러 정도 줄었다. 2017년 1월에까지만 해도 120억 달러가 감소했다. 다른 말로, 그만큼

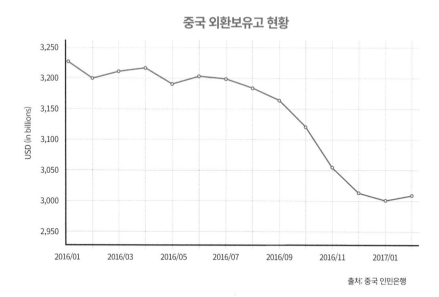

### 중국 외환보유고 현황

USD (in billions)

3,250
3,200
3,150
3,100
3,050
3,000
2,950

2016/01　2016/03　2016/05　2016/07　2016/09　2016/11　2017/01

출처: 중국 인민은행

의 달러가 중국에서 빠져나갔다는 뜻이다. 로이터가 이코노미스트들을 대상으로 한 조사에서는 2017년 2월에도 250억 달러 정도 줄어들 거로 전망됐다.

그런데 중국의 외화보유액이 외려 늘어난 것이다. 8개월 만에 처음이다. 전문가들도 예상치 못한 일이다. 중국의 자본유출이 유입으로 역전됐다. 인민은행에 따르면 2017년 2월 말 기준으로 1월 말 대비 외화보유액은 약 0.25%, 69억 달러(미국 달러)가 늘어 총 3조 50억 달러가

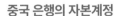

중국 은행의 자본계정

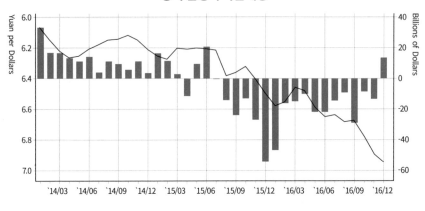

출처: 블룸버그

되었다고 한다. 소폭이지만 늘어난 것이다. 이코노미스트들의 전망을 비웃듯 말이다.

위 그림에서 보듯 중국의 외화보유액은 2018년 1월을 기점으로 늘고 있고 은행의 자본계정은 순 유입으로 플러스로 돌아섰다. 이것은 중국 정부가 시행하고 있는 자본 통제가 효과를 발휘하고 있다는 증거다.

중국은 지난 수개월 동안 위안화 방어와 외화보유액 감소를 막기 위해 국경을 넘는 자본유출을 통제해왔다. 2016년에만 약 3,200억 달러에 달하는 외화보유액을 투입했지만, 위안화는 여전히 달러에 대해 6.6%나 하락했다. 이는 1994년 이래 가장 큰 연간 하락 폭이다. 그러나 최근 이런 흐름이 역전된 것이다.

중국 정부와 국가외환국<sup>SAFE: the State Administration of Foreign Exchange</sup>이 2016년 12월 31일 외환 규제를 강화한 이후부터다. 이로써 위안화는 반등에 성공했다. 위안화는 자본의 국외 이탈로 2015년 8월부터 하락이 시작돼 2016년 12월 28일 최저를 기록한 후 마침내 상승으로 반전한 것이다.

현재 중국 인민은 마음대로 외화 환전을 할 수 없다. 쿼터 제한을 받고 있다. 1인당 연간 5만 달러까지만 환전할 수 있다. 이 정도 액수로는 이른바 선진시장의 부동산을 살 수 없다.

그동안은 스머핑<sup>smurfing</sup>*으로 국외 부동산을 매입해왔다.

중국의 이런 규제로도 자금유출이 계속되자 인민은행과 국가외환국은 올해부터 새로운 규제책을 꺼내 들었다. 모든 것이 2017년 1월 2

---

* 친구나 가족 혹은 전혀 모르는 사람의 쿼터를 이용하는 것이다. 일종의 돈세탁이다. 스머핑은 규제를 피하려고 큰 액수의 돈을 잘게 쪼개는 과정을 말한다. 그 돈은 다수의 사람에게 송금돼 해외은행의 단일계좌로 합쳐진다. 부동산 매입자는 이 돈을 빼 거액의 부동산을 샀다.

일 자로 변했다. 환전하는 모든 사람은 반드시 합법적 용도인지를 알려야 한다. 1인당 5만 달러 한도는 유지하나 은행은 29,000달러 이상의 송금에는 반드시 당국에 보고를 해야만 한다. 채권, 보험 상품, 부동산을 사는 용도의 환전은 현재 금지됐다.

이제 개인이 아닌 기업들마저도 국외 부동산을 취득하려면 정부 승인을 얻어야 한다. 매수하고자 하는 부동산이 주요 사업 목적이 아닌 경우엔 쉽게 승인을 얻을 수 없다. 거짓 신고를 하거나 한도를 남에게 양도한 경우엔 처벌이 가해진다. 3년 동안 환전이 금지되며 돈세탁 여부를 조사받는다.

상황은 바뀌었다. 감소하던 외화보유액이 늘고 있다. 결론적으로 중국의 자본 통제는 애널리스트들이 전망한 것보다 훨씬 더 효과적으로 작동하고 있다. 중국 정부가 강하게 추진해왔던 자본유출 통제가 효과를 내고 있는 것이다.

## 중국인이 글로벌 부동산시장에 미치는 영향

중국인은 지난 몇 년 글로벌 부동산시장의 큰손이었다. 이는 자국 부동산의 폭등세를 목격한 중국인들이 국외에까지 그 손을 뻗쳤기 때문이다. 중국의 국외 부동산 업체들은 수십억 달러 규모로 사업을 확장해가며 중국 내 부동산 열기를 외국으로 전파했다.

캐나다, 오스트레일리아, 영국, 프랑스, 홍콩 등의 부동산값은 그 덕에 상승했다. 심지어 한국의 제주도에도 이들의 손길이 뻗쳤다. 오죽하면 부동산 구매를 '쇼핑'한다고까지 표현했을까. 면세점에서 싹쓸이하듯 중국인들은 금융위기 이후 특정 지역의 해외 부동산을 매집했다.

이런 흐름이 중국 정부의 자본 통제로 끊긴 뒤, 중국 매수자가 시장을 지속해서 견인할 수 있는지 의문은 증폭되고 있다. 중국의 자본 통제는 분명 글로벌 부동산시장에는 악재다. 중국인에 의한 글로벌 부동산시장 호황이 끝나가고 있다는 전망까지 있을 정도다.

실제로 중국인 매수자가 몰렸던 캐나다 밴쿠버의 경우엔 본격적인 영향권에 들어갔다. 중국의 춘절은 중국인의 부동산 쇼핑이 몰리는 때다. 자본 통제가 본격화하기 전, 중국 부동산 포털인 주와이Juwai가 조사한 바에 따르면 중국 춘절 여행객의 절반 정도가 올해 부동산을 구매할 것을 고려하고 있다고 답했다고 한다.

중국 당국의 자본 통제는 이 열기에 찬물을 끼얹었다. 그 영향으로 중국의 춘절 기간, 밴쿠버 지역의 단독주택 매매는 전년 같은 기간과 비교해서 대폭 줄었다. 2017년 119건의 거래가 이루어졌는데 이는 2016년과 비교해 87.28% 줄어든 것이다. 2016년 같은 기간엔 약 950건의 거래가 이루어졌다. 콘도와 타운하우스 시장도 마찬가지였다. 이들 매매 역시 대폭 줄었다.

블룸버그는 중국의 부동산 매수자가 자본 통제가 시작되면서 갑작

스러운 현금 부족 상황을 겪고 있다고 보도했다. 런던의 경우 중국인들은 몇 달 전까지만 해도 런던 최고층 아파트 구매에 밀려들었지만, 현재는 대금 지급에 어려움을 겪고 있다.

템스강을 조망할 수 있는 런던의 67층짜리 '더스파이어The Spire' 빌딩의 지난해 구매 계약자 중 계약을 이행한 사람은 70% 이하에 불과했다. 이 건물의 시행사인 상하이에 있는 기업 '그린랜드홀딩사Greenland Holding Group'의 언론담당자는 나머지 계약자가 현재 심각한 문제에 부닥쳤다고 밝혔다. 미국의 실리콘밸리와 시드니에서도 똑같은 상황이 연출되고 있다.

"모든 것이 변했다. 중국인들은 돈을 해외로 송금하는 게 더욱 어려워졌다. 2017년 2월의 외화보유액 증가는 중국 매수자들이 국제 부동산시장을 더 이상 견인할 수 없다는 것을 보여준 최초의 공식 데이터이다."

블룸버그는 위와 같이 결론지으며 중국의 자본 통제가 글로벌 부동산시장에 부정적인 영향을 미치리라 예상하고 있다.

물론 중국 자본이 글로벌 부동산시장을 띄우는 유일한 변수는 아닐

것이다. 하나, 부동산시장을 비롯한 자산시장은 '돈의 흐름'이 좌우한
다. 무엇보다 투기 수요를 포함한 '수요'의 정도가 주요 열쇠다.

돈과 수요가 몰리면 상승한다. 반대로, 어떤 이유에서든 돈과 수요
가 줄어들면 하락할 수밖에 없다. 부동산시장은 더욱 그렇다. 이 때문
에 중국발 자본과 수요가 줄어든 글로벌 부동산시장의 타격은 필연적
이라고 할 수 있다.

G2는 서로 다른 이유로 국제 유동성을 줄이고 있다. 미국은 금리
인상, 중국은 자본 통제를 통해서다. 이는 분명 글로벌 부동산시장을
포함한 자산시장에 악재로 작용할 가능성이 크다. 글로벌 부동산시장
의 활황이 끝나가고 있다는 것이 그 징후일 수 있다.

중국은 부동산 매입뿐만 아니라 채권 매입 자금에도 제한을 가하고
있다. 이것이 말하는 바는 명확하다. 향후 채권시장을 포함한 글로벌
금융시장에도 부정적인 영향을 미칠 거란 사실이다. 금융시장의 변동
성 확대 가능성 역시 그만큼 커질 수 있다.

3

어떻게 부의
타이밍을 잡나 II

## 신용 팽창과 저금리

1997년 외환위기로 한국의 자산시장은 엄청난 충격을 받았다. 주식시장은 급락했고 부동산시장 역시 마찬가지였다. 전셋값은 급락했고 주택 소유자들은 입주자에게 전세보증금을 돌려주지 못하는 '역전세난'이 발생했다. 신용 경색과 중도금 연체 증가로 건설사들의 파산도 이어졌다.

주택시장은 1999년부터 안정을 찾기 시작했다. 강남권이 제일 먼저 움직였다. 2001년부터 집값이 급상승했다. 당시는 참여정부, 즉 노무현 정부가 집권한 시기였다.

노무현 대통령은 2003년부터 2008년까지 집권 기간 내내 부동산과 전쟁을 치러야 했다.

공급은 충분했지만, 투기적 가수요가 극성을 부리던 때였다. 이유가 있다. 저금리로 급속도로 늘어난 유동성이 집값 상승의 원료가 된 것.

2000년 10월, 기준금리는 5.25%포인트였다. 한데 금리는 계속 낮아져 2004년 11월 3.25%포인트까지 내려간 후 다시 조금씩 올라 2008년 8월에야 5.25%까지 회복한다. 그 결과 시중 통화 대비 단기 부동자금* 비중은 2006년 말 42.99%에 달하게 된다.

이 같은 단기 부동자금의 급등은 저금리로 늘어난 유동성을 표현한다. 2005년 국세청이 발표한 자료를 보면 '투기세력'에 해당하는 다주택 보유자들의 매입이 강남권 거래 비중의 60%를 차지할 정도로 자산가들의 움직임이 컸다.

참여정부는 2005년, 8·31부동산대책으로 다주택자에 대한 양도세

---

* 단기성 부동자금을 말한다. 1년 미만의 만기로 운용되는 단기자금을 총칭하는데, 현금, 요구불예금, 수시입출식 저축성예금, 머니마켓펀드MMF, 양도성예금증서, 종합자산관리계좌, 환매조건부채권, 6개월 미만 정기예금, 증권사 투자자 예탁금을 더한 수치다. 한마디로, 마땅한 투자처가 있으면 언제든 쉽게 이동할 수 있는 돈을 말한다. 신용 팽창의 결과물이라 할 수 있다.

를 2006년부터 중과세한다. 하나, 이런 정책도 부동산값 폭등을 막지는 못했다.

참여정부 5년(2003년 2월~2008년 1월)간 전국 아파트값은 63.72% 올랐다. 분당은 약 80%, 강남은 71%, 용인시는 68%가 올랐다. 상승세는 아파트에만 그치지 않았다. 재건축과 주상복합에도 수요가 몰렸고 가히 부동산 광풍을 만들어냈다.

2018년 현재 시점에서 2000년대 초를 돌아보면 당시는 고금리였다. 2004년 11월 3.25%였으니 1%대의 2018년 초 금리와 비교하면 엄청난 고금리였다. 하나, 금리란 상대적 개념이다.

외환위기를 겪으며 한국은 고금리에 익숙해 있었다. 1998년 외환위기 당시 1년짜리 정기예금 금리는 20%대에 이르렀다. 하루짜리 콜 금리는 30%를 넘었다. 2000년 금리가 내렸다고는 하지만 기준금리가 5.25%에 달했다. 2003년, 2004년, 2005년 당시의 3%대 금리는 체감적으로 엄청난 저금리였다.

저금리는 곧바로 신용 팽창으로 이어졌다. 참여정부 초기 2003년 약 465조에 머물던 가계부채는 2008년 602조까지 급증했다. 같은 기

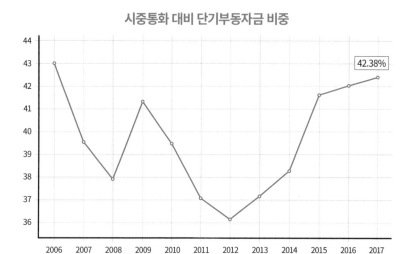

**시중통화 대비 단기부동자금 비중**

간 대치동 은마아파트 38평형 매매가격은 3억 정도에서 10억 이상으로 폭등했다.

　2008년과 2016년 상황은 비슷한 점이 많다. 최소한 시중 통화 대비 단기 부동자금 비중 측면에서 그렇다. 갈 곳을 잃고 고여 있는 돈이 1070조 원을 넘어섰다. 시중의 유동성 중 단기 부동자금의 비중은 11년 만에 최고치로 치솟았다. 이는 유례없는 초저금리의 결과로 해석된다.

유심히 봐야 할 것은 단기 부동자금과 금리가 역 상관관계에 있다는 점이다. 금리가 내릴 땐 단기 부동자금이 늘어난다. 반대로, 금리가 오를 경우엔 단기 부동자금은 감소한다. 2008년 5%에 달했던 금리는 2009년 2%까지 하락한다. 같은 기간 단기 부동자금은 늘었다. 2009년부터 오르기 시작한 금리는 2011년 3.25%까지 오른다. 같은 기간 단기 부동자금은 급속히 줄어든다. 기준금리는 2012년 7월부터 본격적으로 내리기 시작해 2017년 11월까지 1.25%까지 하락한다. 같은 기간 단기 부동자금은 지속해서 늘어난다.

2017년 12월 현재 단기 부동자금은 1072조 원에 달한다. 단기 부동자금 1000조 원 시대. 단기 부동자금 비중은 2007년부터 줄곧 30%대를 유지하다가 2015년 이후 다시 40%대로 올랐다. 글로벌 금융위기 직전인 2006년 말 이후 11년 만에 최고치다.

신용 팽창은 저금리 환경에서 가능하다. 금리가 낮다는 얘기는 돈의 조달이 그만큼 쉽다는 얘기다. 차주 처지에서 5% 이자와 2% 이자는 엄청난 차이다.

무엇보다 저금리 환경은 경기가 침체기에 접어들 때 조성된다. 중앙은행은 경기를 살리기 위해 금리를 내린다. 목적은 실물 경제 활성화다. 하나, 이미 실물 경제는 하락기에 접어들었다. 돈을 빌리기 쉬운 환경이지만 침체한 실물 경제는 마땅한 투자처를 만들어내지 못한다. 이자가 낮다고 하지만 돈을 빌려 생산적인 비즈니스를 하기는 쉽지 않다.

이 돈들이 향할 곳은 뻔하다. 은행 이자 이상의 돈을 벌 가능성이 있는 곳으로 몰려든다. 무엇보다 장기적인 투자가 아니라 단기적 투자에 집중하게 된다. 불확실성이 증대한 상황이라서다. 결국, 이 돈은 부동산, 주식시장 등 자산시장으로 흘러 들어가게 된다.

자산시장으로 돈이 이동하기 시작하면 단기 부동자금이 곧바로 뒤따른다. 돈 벌기가 힘들어진 경제 여건에서 돈이 된다는 소문은 부동자금 이동의 기폭제가 된다. 무엇보다 초저금리이기 때문에 약간의 보상만으로도 빌리는 이자를 감당할 수 있다는 자신감이 상승 작용을 일으킨다. 이것이 경기침체기에 자산시장이 폭등하는 역설이 성립하는 이유다.

발 빠른 스마트 머니나 자산가들은 이런 흐름을 먼저 읽는다. 이들이 돈을 버는 때는 호황기가 아니라, 불황기다. 남들이 움츠리는 시기에 이들은 오히려 활동을 시작하고 남들이 뛰어들 때 빠진다. '치고 빠지기'를 모르고, 저금리와 자산시장 간의 관계를 이해하지 못하면 현대 신용경제 사회에서 돈을 벌기는 쉽지 않다.

주식시장도 마찬가지다. 2009년 2월 코스피 지수는 1000 정도였다. 2008년 2월 현재 2500 정도다. 2009년에 투자했다면 2.5배의 수익을 냈을 것이다. 단순히, 지수 추종형 상품에 투자했을 때 그렇다는 얘기다.

거듭 강조하지만, 자산시장의 향배는 유동성이 결정한다. 투자자들의 호주머니가 두둑할수록 자산시장은 오른다. 그 호주머니에 들어있는 돈이 빌린 돈이든 원래 자기 돈이든 전혀 상관없다. 싼 금리로 돈을 조달할 수 있는 환경이라면 그리고 그 기간이 오랠수록 자산시장은 그에 비례해 오른다.

## 신용 팽창이라는 마법

돈의 흐름, 즉 돈이 늘어나는지 줄어드는지를 알면 이른바 부를 창출할 타이밍이 보인다. 현대 경제에서 돈은 신용으로 만들어지는 게 일반적이다. 이른바 신용 팽창이란 은행이 보유하고 있는 예금을 고객에게 대출하고, 그것을 다시 예금하게 함으로써 원래의 예금액을 초과하며 예금 통화를 창출하는 행위를 말한다.

돈을 중앙은행이 찍어내는 줄 알고 있지만, 실제는 그렇지 않다. 중앙은행과 국가는 돈의 창출을 민간은행에 위탁한 상황이다. 현대 경제의 돈은 은행이 만들어낸다.

특정 경제 시스템에 흐르는 돈은 중앙은행이 공급한 본원통화와 시중은행이 만들어낸 '신용'의 총합이다. 시중엔 언제나 중앙은행이 찍어낸 본원통화 이상의 돈이 유통된다. 이른바 신용이라 불리는 돈이다. 그렇다면 이 돈은 대체 누가 만들어내는 걸까?

"은행이 우리에게 돈을 빌려줄 때 그 돈은 어디서 오는 걸까?"

대부분은 이것도 질문이라고 하는 거냐며 비웃을 것이다. 답은 이미 경제학 교과서에 있기 때문이다. 이들 교과서는 대출 원천이 예금이라 강조한다. 그런데 이상한 일이 아닐 수 없다. 시중에 유통되는 돈은 언제나 예금 규모를 몇 배나 초과한다.

예금이 대출의 원천이라는 것은 온전한 사실이 아니다. 현대 은행시스템은 그런 식으로 작동하지 않는다. 우리는 여전히 오늘의 은행시스템에 커다란 오해를 하고 있다.

현실에서 은행은 예금을 기반으로 대출하지 않는다. 은행이 대출해줄 때 금고에서 누군가의 예금을 인출해 고객에게 주는 게 아니다. 현대 은행은 단지 대출받는 이의 계정에 신용credit을 부여하는 것뿐이다.

영국 중앙은행인 영란은행이 2014년 1분기에 발표한 〈현대 경제에서 돈의 창조<sup>Money Creation in the Modern Economy</sup>〉란 놀라운 논문은 이를 잘 말해준다. 은행은 예금자와 차주를 연결해주는 대출 중개자라기보다는 오히려 돈을 '창조'하는 역할을 한다.

오늘날 돈이 만들어지는 방식은 경제학 교과서에서 언급된 방식이 아니다. 우린 중앙은행이 돈을 찍어낸다고 생각하지만, 이는 절반만 정답이다. 실제 현대 경제에서 유통되는 돈은 그저 은행이 자기 대차대조표를 바꿈으로써 탄생한다. 다음은 영란은행 논문을 요약한 것이다.

"현대 경제에서 돈 대부분은 은행 예금의 형태를 띤다. 그러나 은행 예금이 만들어지는 방식에서는 오해를 하고 있다. 예금은 누군가가 은행에 자기 돈을 맡기는 것으로도 발생하지만, 이는 상대적으로 적은 금액이다.

경제 시스템에서 유통되는 돈 대부분은 은행이 대출하는 순간 만들어진다. 대출이 이루어지면 차주의 은행 계좌엔 그와 똑같은 액수의 예금이 생성된다. 새로운 돈이 만들어지는 것이다. 은행은 가계나 기업의 저축을 바탕으로 대출한다기보다는 대출을 통해 예금 즉, 돈을 만들어낸다. 이것이 언제나 본원통화를 웃도는 돈이 시중에 유통되는 이유다."

물론 은행은 무제한으로 아무런 제약 없이 돈을 만들어내지는 못한다. 중앙은행이나 정부에서 규제하는 까닭이다. 그렇지만 일반 은행이 돈을 만들어내는 사실에 변함은 없다.

중앙은행이 인쇄기를 돌려 돈을 만들어내는 게 아니라, 위에서 보듯 화폐는 은행에서 만들어진다. 정말 놀라운 일이다. 정부가 가져야 할 권력을 은행에 아웃소싱한 셈이니까. 화폐발행은 이미 민영화 또는 사영화된 상태다.

간혹 정부나 중앙은행이 전혀 예상하지 못할 정도로 대출이 폭증할 때가 있다. 그러면 서둘러 정부와 중앙은행은 각종 대출 규제책을 내놓는다. 이런 일이 발생하는 건 신용창출 총액조차 정부와 중앙은행이 통제하지 못한다는 얘기다. 민간은행이 신용창출 다시 말해, 돈을 만들어내는 주체이기 때문에 발생하는 촌극이라 할 수 있다.

'신용 팽창'이라는 관점에서 경제를 살펴보면 돈의 흐름을 명확히 읽을 수 있다. 돈의 흐름을 알면 당연히 부를 쌓을 기회도 많아진다. 신용 팽창은 민간은행이 주도하지만, 민간은행의 신용창출을 중앙은행은 일정 부문 통제한다. 그 수단이 바로 '기준금리'다.

중앙은행이 금리를 낮추면 이른바 은행의 대출 상품은 경쟁력을 얻게 된다. 1억을 빌릴 때 금리가 연 10%라면 연 1000만 원을 이자로 내야 하지만, 1%로 낮아지면 연 100만 원만 내면 된다. 대출 상품을 사는 고객으로서는 10분의 1 가격으로 상품을 사는 셈이다.

반대로, 중앙은행이 기준금리를 올려 대출 상품의 이자가 높아지면 은행의 대출 상품은 그만큼 경쟁력을 잃게 된다. 상품 가격이 내리면 수요가 많아지고 오르면 수요는 준다. 은행 대출 상품도 마찬가지다. 기준금리가 오르면 은행의 대출 상품 수요는 줄고 역으로 기준금리가 내리면 그 수요는 늘어난다.

2008년 8월 한국의 기준금리는 5.25%였다. 2017년 말 기준으로 1.50%다. 같은 기간 금융기관의 가계대출과 카드회사 등의 판매 신용을 합한 가계부채는 724조 원에서 1450조 원 규모로 2배 늘었다.

물론 중앙은행이 이자율을 낮춰도 돈을 빌리려는 사람들이 없으면 통화량이 증가하지 않기도 한다. 반대로 이자율이 높아져도 빌리려는 사람들이 많다면 오히려 통화량은 증가할 수 있다.

그러나 금리가 내리면 일반적으로 신용 팽창은 활기를 띤다. 특히, 거기에 정책 변수까지 더해지면 신용은 말 그대로 폭증할 수 있다.

2014년 7월에서 2016년 1월까지 한국의 가계부채는 폭증했다. 이른바 초이노믹스라 불렸던 정책 후유증으로 부동산담보대출이 급증했던 탓이다. 기준금리 인하 흐름과 정책 변수가 결합하면서 신용 팽창이 급속히 진행된 사례다.

신용 팽창과 축소의 영향을 가장 많이 받는 자산시장은 부동산과 주식시장이다. 2008년에 터진 금융위기란 결국 실물 경제의 추락으로 나타났다. 전 세계 경기는 얼어붙었으며 선진국을 포함한 글로벌 성장률은 급속히 추락했다. 한데, 이상하게 부동산과 주식시장은 얼어붙은 실물 경제와는 달리 금융위기의 후폭풍 기간에도 상승했다.

이를 설명할 방법은 단 하나다. 저금리로 풀린 돈이 투자나 생산과 같은 분야에 쓰이지 않고 자본 이득을 추구하기 위해 자산시장으로 몰렸다는 얘기다. 쉽게 설명하면, 사업해서 수익을 내는 것은 불확실하지만, 자산시장에 투자하는 것이 사업보다 확실하다는 판단이 작용했다고 봐야 한다.

실제로 미국의 다우존스산업평균지수는 2009년 2월 7000포인트 수준이었지만 2018년 1월 26000포인트까지 상승했다. 거의 4배가량 폭등한 셈이다. 부동산 역시 마찬가지다.

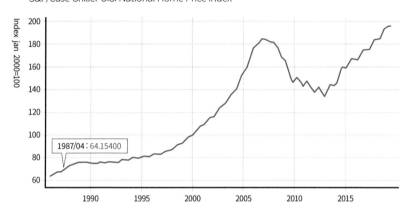

S&P/Case-Shiller U.S. National Home Price Index

1987/04 : 64.15400

2008년 금융위기의 진원지는 부동산시장이었다는 점을 상기할 필요가 있다. 미국의 주택시장은 금융위기 직후 급락했지만, 2012년 2월 134 정도로 최하점을 찍은 후 2018년 1월 과거의 최정점보다 높은 196포인트에 다다랐다. 누구도 예상하지 못한 일아 현실이 된 것이다. 금융위기를 잉태한 주택시장 버블의 정점기 이상 상승했다. 이것이 저금리의 힘이다.

## 미국의 금리 조절을 예측하는 방법

연준은 중앙은행이다. 중앙은행은 전통 경제학에 따라 통화정책을 시행한다. 주로 두 가지 지표로 금리를 올리고 내리는데, '인플레이션'과 '고용 현황'이 바로 그것이다.

인플레이션 발생과 함께 고용 지표가 호조를 보이면 일반적으로 금리를 올린다. 다시 말해 경기가 호조를 보이면 금리가 오른다. 반대로, 인플레이션이 주춤하고 고용이 감소하면 즉, 경기침체가 시작되면 금리를 내린다.

금리를 내린다는 얘기는 '돈을 푼다'라는 의미다. '돈을 푼다'라면 통화량을 늘린다는 말이다. 반대로, 금리를 올린다는 얘기는 '돈을 거둬들인다'란 것을 뜻한다. '돈을 거둬들인다'라는 것은 통화량을 줄인다는 의미다.

침체라는 말에는 돈의 흐름이 원활하지 않다는 의미가 있다. 이럴 때 중앙은행은 막힌 돈의 흐름을 뚫기 위해 돈의 공급을 늘린다. 혈관이 막히면 혈류를 증가시켜 뚫어야 하는 것과 같다.

경기침체의 사전적 정의는 경기가 하강 상태로 들어가는 것이다. 가계의 소비가 줄고 기업의 투자와 고용 또한 줄어들며 재고는 늘어난다. 일반적으로 경기침체는 경기 순환 과정상 자연스러운 현상이다.

중앙은행은 개입에 나선다. 이때 일반적으로 그 개입은 과도하지 않은 정도로 이루어진다. 이른바 베이비스텝*을 통해 조절한다. 이땐 자산시장이 미세한 영향을 받는다.

만일 정상적인 경기 순환에서의 침체라면 자산시장의 변동성은 생각보다 크지 않다. 당연히, 그로부터 커다란 이득을 얻는 것 역시 힘든 상황이 된다. 자산시장의 투자 관점으로만 본다면 그리 좋은 기회가 아닐 수 있다.

투자 관점으로만 고려한다면 자산시장이 폭락했을 때가 매수의 가

---

* 0.25%포인트 정도 금리를 내리며 통화량을 조절하는 것.

장 좋은 적기가 될 수 있다. 자산시장에 껴있던 거품들이 완전히 제거된 상태가 되기 때문이다. 자산시장 폭락은 대부분이 예상하지 못했던 시점에서 오는 게 일반적이다.

2008년 금융위기에서 보듯 금융시장의 몰락은 실물 경제에 엄청난 영향을 준다. 금융이 실물을 지배하는 게 현대 경제이기 때문이다. 금융시장이 파열하면 실물 경제는 초토화된다. 거의 공황에 따르는 침체가 오기 마련이다.

이때 중앙은행은 실물 경제의 파열을 막으려고 시장에 적극적으로 개입하는 게 일반적이다. 금리는 베이비스텝이 아니라 내릴 수 있을 정도까지 내린다. 고갈된 실물 경제에 돈의 흐름을 재개하기 위해 무제한의 통화량 공급이 이루어진다.

물론 무제한의 통화량이 공급된다고 해서 실물 경제와 자산시장이 금방 살아나는 건 아니다. 하지만, 실물 경제보다는 자산시장이 빠른 반응을 보인다. 돈은 풍부해지지만, 공황에 가까운 경기침체로 기업과 투자자들은 실물 경제에 대한 투자를 꺼린다. 반면, 풍부한 돈은 어떻게 하든 수익을 내야 한다. 결국, 그 돈이 향할 곳은 비교적 빠른 승부가 가능한 자산시장밖에 없다.

특히, 달러를 비롯한 기축통화*는 자국 내에서만 머물지 않고 국경을 넘기 마련이다. 상대적인 고금리를 좇아 신흥국 자산시장으로 향한다. 세계의 자산시장은 느닷없는 돈의 홍수로 폭등한다.

미 연준이 언제 금리를 올리고 내릴까를 정확히 예측하는 건 쉽지 않다. 다만, 전반적으로 미국 경기가 좋아지고 있다면 이는 분명 금리 인상이 머지않았다는 신호다. 반대로, 인플레이션 대신 디플레이션 현상이 발생하고 고용이 악화하고 있다면 금리 인하가 머지않았다는 징후다. 동시에 성장률이 정체되거나 후퇴하고 있다면 중앙은행은 분명 금리를 내려 대응하게 된다.

한 가지 명심해야 할 것은 금리 인하와 인상이 추세가 되어야만 자산시장에 커다란 영향을 미친다는 사실이다. 유동성, 즉 통화량이 지속해서 늘어나야 비로소 자산시장이 오른다. 역으로 통화량이 지속해서 줄어들어야 자산시장은 내린다.

중앙은행의 미세 조정은 자산시장에 미세한 영향만을 미칠 뿐이다.

---

* 금과 더불어 국제외환 시장에서 금융거래 또는 국제결제의 중심이 되는 통화로 'key currency'라고도 한다. 미국 달러가 대표적이다.

중앙은행의 저돌적인 개입이 불가피할 때 자산시장은 커다란 영향을 받는다. 특히, 금융시장이 붕괴하면서 발생하는 침체는 중앙은행이 무슨 수를 쓰든 막아내야 하는 최우선 과제가 된다.

무너진 금융시장을 재건하기 위해 중앙은행은 무리한 통화정책을 감행한다. 무엇보다 한 번 무너진 금융시장 재건까지는 오랜 시간이 걸린다. 그 기간에 중앙은행은 전력을 다하기 마련이다. 다시 말해, 천문학적인 유동성 공급이 이루어진다. 이것이 결국엔 자산시장 폭등의 기제가 되는 것이다.

## 화폐량이 늘지 않는다고 부가 발생하지 않는 법은 없다

경제전문가로 이름이 알려지다 보니 여러 사람에게 같은 질문을 받을 때가 있다.

"금리를 올리고 있는데 자산시장은 왜 떨어지지 않는 거죠?"
"평론가님 주장대로라면 금리 인상은 자산시장 하락의 징조인데요."

이 물음에 대한 답은 두 가지다.

하나는, 금리가 자산시장에 영향을 미치는 데는 일정한 시간이 필요하다는 것이다. 일종의 지체시간을 갖는다. 금리가 내리기 시작하면 금방이라도 자산시장이 오를 것 같지만 그렇지 않다.

연준이 금융위기 이후 금리를 내리기 시작한 시점은 2007년 7월부터다. 그 후 지속해서 낮아져 2008년 1월경 제로금리에 다다른다. 반면, 미국 주식시장이 본격적인 상승세를 보인 시점은 2009년 3월 무렵이다. 무려 금리를 내리기 시작한 후 무려 18개월이나 지나서야 주식시장이 반응한 것이다.

이는 어쩌면 당연한 결과다. 침체란 불확실성을 뜻한다. 무수히 넘어지는 기업과 파산하는 사람들을 보면 실물 경제가 언제 살아날지 누구도 장담할 수 없다. 더욱이 이런 시기 자산시장은 자고 나면 하락해 있기 일쑤다. 누구도 '무언가'를 사지 않는 일종의 매수 공백기인 셈이다. 시장은 초토화돼야 다시 일어선다. 혹한을 견뎌야 봄이 오는 것과 같다.

금리가 오르는데 주식시장은 왜 하락하지 않느냐는 물음의 답도 마찬가지다. 연준은 2016년부터 정책금리를 올리고 있다. 하지만 미국 주식시장은 2018년 1월까지 사상 최고치를 갈아치우며 상승했다.

그럴 수밖에 없다. 미국 연준이 금리를 올리고는 있지만, 그 속도는 무척 느리다. 주식시장의 강세장을 믿고 있는 다수 대중의 심리(피그말리온효과)에 영향을 주기엔 역부족인 상황이다.

시장에도 일종의 탄성은 존재한다. 가속도가 붙은 시장은 좀처럼 그 추세가 수그러들지 않는다. 시장이 금리에 반응하기 위해서는 생각보다 오랜 시간이 걸린다.

2018년 2월부터 미국 주식시장은 조정 양상을 보인다. 첫 번째 금리 인상이 시작된 지 무려 2년 만이다. 혹자는 이를 금리 인상의 결과물로 보기엔 무리라고 주장할 것이다. 단순한 조정이지 본격적인 하락이라 단언할 수 없다고 강조할 것이다. 필자 역시 확신할 수는 없다. 다만, 미국 금리 인상이 계속된다는 가정에 따라, 개인적인 의견을 묻는다면 필자는 이미 금리가 시장에 영향을 주고 있다고 믿는다.

미국의 경우 금리가 시장에 영향을 미치는 지체시간은 약 18개월로 알려져 있다. 그렇다면 미국의 주식시장은 금리에 반응해야 한다. 이미 그 시점이 지났다.

다른 하나는 피그말리온 효과 때문이다. 인간의 기대심리는 그리 쉽사리 꺾이지 않는다. 시장이 오른다는 믿음, 부동산 불패에 관한 신화 역시 마찬가지다.

분명 금리란 큰 신호가 바뀌면서 시장이 조만간 반전할 거란 징후가 나타나도 인간의 심리는 믿고 싶은 것만 믿고 보고 싶은 것만 보려는 '확신 편향'에서 좀처럼 헤어 나오지 못한다. 금리 동향이 자산시장에 부정적으로 변화하고 정책마저 시장의 악재로 작용해도 인간의 기대 심리는 좀처럼 바뀌지 않는다. 그 심리가 마침내 바뀌는 지점은 시장이 완전히 방향을 틀었을 때다. 투자의 최대 방해물은 '확신'이다. 물론 확신은 필요하다. 하지만 그 확신엔 끊임없는 의문이 동반돼야 한다.

　마지막으로 전체적인 유동성이 줄어도 국지적으론 얼마든지 그 유동성이 몰릴 수 있다는 것이다. 금리가 오른다고 시중의 모든 돈이 은행으로 퇴장하는 게 아니다. 전체 유동성과 무관하게 국지적 유동성은 넘칠 수 있다. 예를 들어, 부동산시장에서 특정 지역으로 돈이 몰리는 경우다. 한국 부동산시장이 좋은 예다.

　2018년 3월 현재, 금리가 오르고 있고 정부는 가계부채 억제 대책을 쏟아내고 있다. 그 정책의 지향점은 부동산 하향 안정화다. 그 결과, 언론은 지방 부동산시장의 초토화 현상을 연일 보도하고 있다. 하지만, 서울 특히 강남을 비롯한 수도권 일부 지역의 부동산시장은 여전히 강세다. 이것이야말로 전체적으론 유동성이 줄어도 국지적으론 얼마든지 돈이 몰려들어 유동성이 풍부해질 수 있는 사례다. 개인적으론 이런 현상도 오래갈 수 없다고 생각한다.

　돈이 몰리는 곳에는 이유가 있다. 유동성이 풍부한 일부 부자들이 관심을 두고 있는 시장인 것이다. 그것이 우량주식이든 강남의 부동산 시장이든 말이다. 부자들의 관심이 집중된 곳은 하락 폭이 상대적으로 작다. 아무리 시중 유동성이 쪼그라들어도 대기 자금이 충분한 덕분이다.

　하지만, 부자들은 돈이 돼야 투자한다. 궁극적으로 부자들의 유동성이 일시적으로 집중된 시장도 금리와 정책 변수에서 벗어날 수는 없다. 상대적인 하락 폭은 덜하겠지만 그래도 장기적인 하락을 피할 수는 없다. 전체 유동성이 줄면 국지적 유동성 또한 감소할 수밖에 없기 때문이다.

## 한국 부동산이 정체를 보이는 한 가지 이유

2018년 3월, CBS 라디오 프로그램인 '김현정 뉴스쇼'에 출현했을 때다. 앵커로부터 느닷없는 질문을 받았다.

"윤 평론가님은 한국 부동산을 어떻게 전망하세요?"
"하향 안정화 추세로 갈 겁니다."

필자는 그 이유를 금리, 정책, 피그말리온 효과로 자세히 설명했다. 앵커는 반신반의했다. 그럴 수밖에 없을 것이다. 앵커는 다른 부동산 전문가들은 오른다고 하는데 왜 내린다고 하냐며 누구 말이 맞는지 2

년 후에 확인해 보자고 했다.

그로부터 두 달이 지난 5월 현재, 한국 부동산시장은 급격한 안정세로 접어 들어가고 있다. 거침없는 상승세를 보이던 강남 재건축 아파트 시장엔 한파가 몰아치고 있다. 몇 주 연속 하락세를 보이고 천장을 뚫을 듯하던 전세가는 약세를 면치 못하고 있다.

강남 재건축 아파트 시장으로 몰려들던 유동성은 왜 줄었을까? 한마디로 금리, 정책이 부정적인 영향을 미치고 있기 때문이다.

미국발 금리 인상으로 미국과 한국의 기준금리는 1.25%로 동일하다. 한데, 2018년 6월 미국 연준은 또 한 차례 금리를 올릴 것이란 전망이 힘을 얻어가고 있다.* 만약 그렇게 된다면 한국과 미국의 기준금리는 역전이 된다. 한국은행은 한·미 간 금리역전에도 외국인 자금 이탈이 심각하지 않을 거라고 장담하고 있다. 과연 그럴까?

벌써 신흥국들은 몸살을 앓고 있다. 아르헨티나, 브라질, 터키 등 허약한 신흥국들에서 시작된 자본유출 사태가 국제금융시장의 불안 요인이 되고 있다. 그에 따라 달러는 더욱 강세를 보인다. 달러 강세 현상은 그동안 신흥국에 투자됐던 자본의 이탈을 부른다. 달러 강세 기조

* 미 연준이 현재 시각 13일 기준금리를 0.25% 인상해 1.75~2%로 결정했다.

가 확실한 마당에 불안한 신흥국 자산에 투자할 이유가 없어진 것이다. 그에 따라 신흥국들의 통화 및 금융사산 가치는 그야말로 추풍낙엽처럼 하락하고 있다. 특히, 경상수지 적자에 시달려 달러 보유액이 크지 않은 일부 신흥국은 통화가치 급락으로 디폴트, 즉 채무불이행 위험에 빠질 수 있다는 경고까지 나오고 있다.

이런 상황에서 외화보유액이 충분하다고 해도 위기를 피할 가능성은 작다. 실제로 IMF가 권장하는 외화보유액을 갖고 있다 해도 신흥국이 통화 위기에서 완전히 안전하다고 장담할 수 없다. 아르헨티나가 대표적이다. 아르헨티나는 IMF가 권장한 적정 외화보유액인 652억 달러에 근접한 외화보유액을 유지하고 있었다. 지난 3월 기준 617억 달러를 보유하고 있다. 그렇지만 아르헨티나는 IMF에 구제금융을 요청하고 말았다.

외국 자본이 빠져나간다는 얘기는 해당국 통화량도 그만큼 줄어든다는 것을 뜻한다. 미국의 금리 인상은 한국 통화량에도 영향을 미친다. 원화 자산에 투자됐던 자본은 자산을 팔아 챙긴 원화를 달러로 환전해 나가게 된다. 이때 자연스럽게 시중에 풀렸던 원화는 은행으로 퇴장하게 된다.

미국의 금리 인상에도 한국은행은 금리를 올리지 않고 있지만 외국인 자본 이탈이 본격화하면 한은의 금리 인상과는 무관하게 시중 원화 유동성은 줄어들게 된다.

강남 부동산시장에 몰렸던 돈들은 '스마트 머니'들이 대부분이다. 어느 정도 경제 여력이 되는 사람들이 몰리며 강남 부동산시장을 끌어올렸다고 봐야 한다. 이들은 정보에 상대적으로 밝다. 금리 인상 시기엔 자신들뿐만이 아니라 자신들의 뒤를 이어 시장에 진입해야 할 사람들의 돈줄이 말라붙는다는 것을 알고 있다. 시장의 진리는 누군가가 사줘야 가격이 오른다는 사실이다. 이들은 이것을 누구보다 더 잘 알고 있다. 사줄 사람이 마땅치 않은 시장은 가격이 내려가게 돼 있다.

이처럼 미국에서 시작된 유동성 축소는 멀리 떨어진 한국의 강남 부동산시장에도 영향을 미치게 된다. 이 세상에 연준의 통화정책에서 자유로운 국가, 개인은 존재하지 않는다. 글로벌 유동성을 좌우하는 연준의 통화정책은 국지적 유동성까지 결정한다. 단기적으론 눈에 보이지 않지만, 장기적으로는 반드시 영향을 미친다.

동시에, 정부의 각종 규제까지 가세하면서 불패 신화를 연출하던 강남 부동산시장이 주춤하고 있다. 자산시장의 향배는 금리와 정책이 결정한다는 사실을 잊으면 영원히 실패자가 될 수밖에 없다. 새벽에 일찍 일어나는 새가 더 많은 먹이를 먹듯 한발 먼저 움직이는 사람만이 자산시장의 승자가 될 수 있다. 김현정 뉴스쇼에서 한 장담은 근거 없는 빈말이 아니다.

## 자영업자와 중소기업은 유동성 변화에 어떤 영향을 받을까

2018년 1분기 가계대출 추이를 보면 매우 흥미로운 점을 발견할 수 있다. 2018년 1분기 말 우리나라의 가계부채는 전 분기보다 17조 2천억 원이 늘어난 1468조 원으로 잠정 집계됐다. 2017년부터 시행한 정부 가계부채 대책의 효과가 서서히 나타나기 시작하면서 가계부채 증가세가 둔화하는 양상이다.

2018년 가계부채 증가액은 17조 2천억 원으로 전 분기 31조 6천억 원보다는 크게 줄었다. 증가율은 8%로 이는 2015년 1분기 이후 최저이며, 5분기 연속 둔화세를 보인다. 미국의 금리 인상 등으로 시중금리가 높아졌고 정부 정책이 가계부채 억제로 방향을 튼 때문이다.

그러나 전체 가계대출에서 마이너스 통장, 신용대출 등을 아우르는 기타대출* 비중은 역대 최고치로 높아졌다. 한국은행 경제통계시스템을 살펴보면 올해 1분기 예금 취급기관의 기타대출 규모는 401조 836억 원으로 전년보다 9.5%나 증가했다. 기타대출 증가세가 전체 가계대출 증가 속도를 앞지르면서 가계대출에서 차지하는 기타대출 비중은 50.8%로 지난 분기 40.7%보다 0.1%포인트 상승했다. 이 비중은 한국은행이 분기 기준으로 관련 통계를 작성한 2008년 1분기 이후 가장 높은 수준이다.

일반적으로 기타대출은 주택담보대출보다 이자가 비싸다. 비싼 이유는 부실의 위험이 크기 때문이다. 그런데도 기타대출이 늘어나는 건 그만큼 경제 주체의 자금 필요성이 커졌다는 뜻이다.

신용에 기초한 유동성 확대는 경제 주체의 신용 의존성을 높인다. 자영업을 포함하는 영세 중소기업은 말할 필요도 없다. 싼 금리와 후한 신용 공여(제공)는 경제 주체를 차입자로 유혹하는 마약이다.

일단 차입자가 되면 그에 따라 지출을 늘리기 마련이다. 한 번 늘어난 지출을 줄이기란 쉽지 않다. 지출을 유지하기 위해선 차입이 필수

* 기타대출을 정확히 설명하면 신용대출, 마이너스 통장 대출, 상업용 부동산(상가, 오피스텔 등) 담보대출, 예·적금 담보대출, 주식 담보대출을 말한다.

적인 상황이 된다. 쉽게 설명하면, 빚으로 500만 원 정도의 생활 수준을 유지하던 사람은 어떻게 하든 그 수준을 유지하려 한다. 설사, 대출 환경이 나빠져 이자가 높아져도 마찬가지다. 빚은 빚으로 유지할 수밖에 없다.

우리나라에서 신용대출과 마이너스대출 등 기타대출이 증가하고 있다는 말은 지금까지의 신용 확대가 건강한 경제에 이바지하기보다는 경제 주체의 부채 의존성을 심화했다는 것을 뜻한다. 구체적으로 조사한 적은 없지만, 기타대출이 늘고 있다는 것은 가계는 생활비, 기업은 빚을 얻어 빚을 갚거나 회사를 운영하고 있다는 의미다.

신용 확대는 초기엔 분명 경제에 긍정적인 역할을 한다. 소비자들은 자산 가격이 오르게 되면 부자가 된 느낌에 지출을 늘린다. 자산이 없더라도 부채를 쉽게 얻을 수 있으므로 소비를 늘린다.

기업 역시 마찬가지다. 돈을 쉽게 빌릴 수 있는 환경이 조성되면서 조금 늘어난 소비에 대응해 투자를 확대한다. 하나, 시간이 흐르면 신용 확대만으로 성장이 더는 촉진되지 않는다. 한 단위 성장을 위해 점차로 더 많은 부채 공급이 필요해진다. 공급된 부채 중 상당액이 기존 부채를 갚기 위해 은행으로 퇴장하기 때문이다. 부채 규모가 커질수록 이런 현상은 명확해진다. 그 결과 천문학적인 부채 공급에도 경제는 정체 혹은 완만한 회복세만을 보일 뿐이다.

과거의 경기변동에서는 침체가 자산시장의 약세장을 불러왔다. 경기 수축은 소비자의 지갑을 묶는다. 지출이 낮아진다. 그에 따라 기업의 수익 역시 하락한다. 침체가 오는 것이다.

그러나 '신용 사이클'이 경기변동 과정을 대체하면서 낮아진 자산 가격은 침체의 결과물이 아니다. 되레 자산 가격 하락이 침체의 원인이 된다. 긴축으로 자산 가격은 하락하고 소비자 지출과 기업 투자는 그에 따라 줄어든다. 신용으로의 접근 가능성이 소비자 지출과 기업 투자를 결정한다. 신용에 접근이 어려워지면 침체가 따라온다. 쉽게 말해, 돈을 빌리기 쉽다면 지출과 투자가 늘지만 어려워지면 지출과 투자가 쪼그라든다.

신용 사이클의 핵심에 금리가 있다. 중앙은행은 금리 조절을 통해 부채 원가를 통제한다.

저금리를 통한 부채 확대는 자산 가격을 높인다. 금리가 낮다는 것은 자금 조달 원가가 낮다는 뜻이다. 자금 조달 원가가 낮으면 조달 원가보다 조금 높은 수익만 내면 쉽게 이익을 보게 되니 투자나 투기가 늘어날 수밖에 없다. 더욱이 중앙은행이 금리를 낮출 때는 이미 경기가 침체 국면에 돌입했다는 신호이니 부동산이나 주식시장과 같은 자산시장 외엔 마땅히 투자할 곳도 없다. 골치 아프게 비즈니스를 벌여 장기적인 수익을 내는 것보다 짧은 시간에 승부를 볼 수 있는 자산시장으로 돈이 몰리게 된다.

자산시장이 오르면 부자가 된 것 같은 느낌에 소비를 늘린다. 갖고 있던 아파트가 일주일에 5천만 원이 오르면 그동안 꿈꾸던 소비를 하고 싶은 게 인지상정이다. 비싸서 엄두를 못 내던 자동차도 사고 싶고 가구도 바꾸고 싶어진다. 오른 자산을 팔면 되니 더 빚을 내 소비를 한다. 소비가 늘어나니 기업들 역시 빚을 내 투자를 한다. 경제는 겉으론 회복되고 때에 따라서는 호황 국면으로 들어선다.

그러나 중앙은행이 금리를 올리기 시작하면 이들 자산 가격은 매우 취약해진다. 자산의 가치는 누군가가 이에 대가를 치를 때 정해진다.

만약 금리가 올라 자금 조달 원가가 오른다면 누군가(매수자)의 현금은 부족해질 수밖에 없고 그에 따라 자산 가격은 하락할 수밖에 없다. 이미 자산시장에 투자할 여력이 있는 사람들은 거의 다 투자한 상황이다. 자산시장이 오르려면 신규 투자자가 유입돼야 하는데 금리가 오르면서 이들의 투자 여력과 의욕은 점차 떨어진다.

신규 투자자가 점차 줄어들면 자산시장은 하락하기 시작한다. 자산 가격이 하락하면 기존 투자자는 갑자기 가난해졌다는 느낌이 든다. 그에 따라 지출을 줄이게 된다. 때에 따라서는 빚을 내 과거 생활 수준을 유지하기도 하지만 오래가지 못한다. 신용대출, 마이너스 통장 대출 등을 받는 것도 한계가 있다.

지출은 마침내 쪼그라들고 그에 따라 기업들은 투자를 줄인다. 기업 역시 빚을 내는 게 힘들어지면서 투자를 하고 싶어도 못 하는 환경이 된다. 경제는 결국 침체로 돌아선다.

신용이 지배하는 경제에서 신용의 확대와 축소는 경제에 직접적인 영향을 준다. 자영업자를 포함한 중소기업은 신용 변동에 직접적인 영향을 받는다.

현금 보유액이 충분한 대기업은 신용 변동과 무관하게 현금 흐름을 유지할 수 있지만, 자영업자와 중소기업은 상대적으로 신용에 더 많이 의존한다. 따라서 신용 변동에 더 많이 노출될 수밖에 없다. 시절이 좋을 때는 대부분 편안하지만 좋지 않을 때는 약한 고리부터 무너지기 시작한다. 고금리의 역습에서 가장 취약한 계층은 서민과 영세 자영업자를 포함한 중소기업이다.

4

달러의
탄생과 부침

## 화폐의 탄생

우리는 '돈(화폐)'을 당연시한다. 화폐가 없는 생활은 생각할 수조차 없다. 지갑을 잃어버렸다고 가정해보자. 차비가 없으니 걸을 수밖에 없다. 식료품이나 음식을 사 먹을 수 없으니 굶어야 한다. 그야말로 원시적인 삶을 살아야 한다. 물론 타인의 도움을 얻을 수 없을 때를 상정한 것이다.

현대는 음악 같은 예술을 포함한 거의 모든 정신적인 행위가 화폐로 치환되는 세상이다. 이른바 지식재산권은 인간의 지력을 화폐화한 권리를 말한다. 화폐 없는 세상은 상상할 수 없으며 화폐와 함께하지 않는 삶도 거의 불가능하다.

하지만 인류가 오늘날 이처럼 당연시하는 화폐를 만들어 사용한 것은 그리 오래되지 않는다. 고대 이집트나 잉카제국에서는 화폐를 쓰지 않았다. 수백 년 전 멕시코 중앙고원을 지배했던 아스테카 제국도 마찬가지였다.

아스테카 상인들은 자신의 부와 성공을 과시하기 위해 인간 제물을 사서 신전에 바치기도 했다. 이때 인간 제물을 사면서 쓰인 것은 화폐가 아닌 면 외투였다. 면 외투 40벌이 화폐 역할을 한 것이다. 비단 면 외투만은 아니었다.

"당시 아스테카 사람들은 시장에서 거래할 때 초콜릿을 사용했다. 초콜릿의 원료인 카카오 씨를 돈으로 사용한 것이다. 동시에 노예나 인간 제물을 살 때는 면으로 만든 외투를 사용하기도 했다. 아스테카인들이 '쿠아치틀리'라고 불렀던 이 면 외투는 카카오 씨 수십 개, 어떤 것은 수백 개의 가치를 지니고 있었다."

요즘으로 치면 카카오 씨가 천 원권이었다면 면 외투는 오만 원권의 가치를 지니고 있었던 셈이다.

인류는 물물교환을 통해 거래했고 아스테카인들처럼 카카오 씨나 면 외투와 같은 실물화폐를 보충 화폐로 썼다. 예를 들어 옥수수 한 바구니를 가진 사람이 우유 한 통이 필요한 경우 통상 이 둘의 가치는 서로 다르기 마련이다. 옥수수 한 바구니가 카카오 씨 5개, 우유 한 통은 카카오 씨 6개의 가치를 갖는다면 우유 한 통을 가진 사람은 옥수수 한 바구니를 가진 사람에게 카카오 씨 한 개를 더 주고 맞바꿨다. 물물교환 시대는 이처럼 실물화폐 역할을 하는 무언가가 보조물로 필요했다.

물물교환의 단점은 서로가 원하는 물건을 정확히 가지고 있을 때 성립한다. 나는 닭을 원하고 상대방은 장작을 원할 때 상대방은 닭이 있고 나는 장작이 있을 때만 거래가 성립한다.

단, 물물교환 시대가 가능했던 이유가 있다. 가족이나 친척들끼리 물건을 바꾸면 됐기 때문이다. 어떤 면에서는 의무감 때문에 물건을 바꿔주는 경우가 있었다. 초기 경제에서 물물교환의 조건은 그리 중요한 변수가 아니었다.

물물교환 시대 경제 규모는 그다지 크지 않았다. 이 때문에 화폐가 굳이 없어도 원하는 물건을 구할 수 있었다.

경제 규모가 커지면서 물물교환의 불편함을 절감하게 된다. 만약 어떤 물건과도 교환이 가능한 것이 있다면 생활이 훨씬 편리해진다는 것을 깨달은 것이다. 그 결과 어떤 물건과도 교환할 수 있는 화폐를 만든다.

초기에는 카카오 씨와 같은 실물화폐가 대부분이었다. 지니고 다니기 쉬운 작은 물건이라면 뭐든지 단기적으로 화폐로 사용됐다. 소량의 금이나 은, 조개껍데기, 돌, 소금과 같은 음식도 화폐로 사용됐다.

고대 중국과 아프리카에서는 조개껍데기를 화폐로 썼다. 내륙 지방에서는 조개껍데기가 귀한 물건이었기 때문이다. 곰곰이 생각해보면 조개껍데기는 훌륭한 화폐라 할 수 있다.

작아서 휴대와 보관이 간편하고 단단해 파손의 염려가 적었다. 그러나 결국 사람들은 금, 은, 구리 등을 녹여 만든 금속 조각이나 덩어리가 화폐로 사용하기에 가장 좋다는 걸 알게 된다.

화폐는 중세시대 유럽에서 대전환기를 맞는다. 공교롭게도 은행의 탄생과 그 궤를 같이한다. 은행의 탄생은 우연과 필요의 산물이었다. 중세 상인들은 여행을 자주 했다. 물건을 사고팔려면 어쩔 수 없었다. 한데, 당시는 치안이 발달하지 못해 강도와 도둑들이 많았다. 이들은 상인을 주로 노렸다.

상인들은 자신들이 가진 코인이나 금속을 자주 강탈당했다. 상인들은 대안을 모색할 수밖에 없었다. 대안 중 하나가 금속 화폐를, 이를 만드는 사람의 금고에 보관하고 대신에 영수증을 갖고 다녔다.

시간이 흐르면서 이 영수증은 금속 화폐와 같은 것으로 간주됐다. 이것이 최초의 종이돈이었다. 그러는 사이 금속 화폐 제조자들은 자신들이 소유하지 않는 영수증을 발행하는 게 가능하다는 점을 알게 된다. 일종의 사기였지만 이 관행은 결국 현재의 '법화' 즉, 명령 화폐의 탄생을 낳는다.

현재의 화폐는 법으로 그 쓰임이 강제된 화폐다. 다시 말해, 국가의 명령으로 통용이 강제되는 화폐다. 법화는 그 무엇과도 교환되지 않는 불환 화폐다. 우리가 오만 원권을 한국은행에 가져가 그에 상당하는 금이나 은 혹은 그 무엇과 교환해달라고 해도 한국은행과 국가는 바꿔주지 않는다. 오직 국가의 명령만으로 그 가치를 갖는 게 법화다. 중세시대 실물 금속 화폐가 없는 상태에서 발행된 영수증이 오늘날 종이돈의 기원이라 할 수 있다.

## 미국 달러의 탄생

독립전쟁 동안 미국 임시 정부는 종이돈을 발행한다. 당시 종이돈은 인쇄 기술의 한계로 영국이나 다른 사기꾼들에게서 쉽게 위조됐다. 이를 방지하기 위해 1792년 미국은 국가 주조창을 만들 수 있는 법령을 만든다.

법의 내용은 "1달러는 스페인 1달러 즉 371.4그레인*의 은의 가치로 한다."라는 것이었다. 당시만 해도 달러는 단순한 불환지폐가 아니라 은본위 지폐였던 셈이다. 쉽게 설명하면, 화폐 단위의 가치와 은의 일정량을 일치하게 해 등가관계를 유지하는 본위제도라 할 수 있다.

일정량의 은을 화폐로 연결해 은화를 직접 사용하지 않고 종이돈인

* 0.064799 그램.

화폐에 가치를 부여하는 제도라 말할 수 있다. 은 1Kg을 100만 원이라고 가정했을 때, 100만 원 종이돈으로 은 1kg을 살 수 있고, 은 1kg으로는 100만 원과 교환 가능한 게 바로 은본위제도라 이해하면 된다.

　미국 헌법을 만든 사람들은 국가 은행이 필요한가에 의견의 일치를 보지 못했다. 국가 은행이 필요하다고 주장하는 사람들은 국가 화폐의 적절한 규제 필요성을 논거로 내세웠다. 물론 이들 옹호론자는 은행가 출신들이었다.

　반면, 반대론자들은 그런 제도는 사실상 극소수의 은행 엘리트들에게 국가 경제의 통제권을 주게 될 것이라고 주장했다. 당시엔 반대론자들이 이겼다. 미국 헌법 제1조는 돈을 주조할 권한을 의회에 부여했다. 하나, 알렉산더 해밀턴Alexander Hamilton이 주도하는 국가 은행 옹호론자들은 포기하지 않았다.

　당시에는 국가가 발행하는 화폐 이외에도 지역은행에서 발행되는 다른 화폐들이 있었다. 국가는 단일 화폐가 필요했고 국가 재정을 충당할 방법이 필요했다. 실제로, 19세기에 두 번이나 국가 은행이 설립됐지만 두 번 다 은행이 부패하고 위헌적이라는 이유로 폐지됐다. 20세기 초까지 국가 은행을 설립하려는 시도는 모두 헌법에 따라 거부됐다.

당시는 혼란의 시기였다. 정부가 통제하는 국가 화폐는 어떤 때는 법화로 발행됐고 또 어떤 때는 금이나 은으로 뒷받침됐다.

민간은행들은 자신들의 은행권을 남북전쟁이 끝날 때까지 계속 화폐로 발행했다. 남북전쟁 동안 링컨은 군비를 충당하기 위해 수백만 달러의 법화를 발행했다. 일명 '그린백greenback'이었다. 1878년 의회는 그린백을 금으로 되사기 시작하고 이로써 미국은 1933년 금본위제로 복귀했다. 다시 말해 법화의 가치를 금으로 보증했다.

사실, 금본위제냐 불환지폐냐를 두고 미국은 분열했다. 일반적으로 공화당은 금본위제를 민주당은 불환지폐를 옹호했다.

불환지폐를 주장하는 쪽은 금이 은행가들 수중에 집중돼 불평등을 유발한다고 지적했다. 이들은 돈이 일반 대중에게 돌아가려면 더 많은 불환 혹은 은으로 뒷받침되는 종이 화폐를 발행해야 한다고 강조했다.

금본위제에서의 화폐는 신용 확장에 걸림돌로 작용한다. 화폐 발행이 금 물량과 연동되기 때문에 신용 확대는 제한을 받는다. 이는 한편으론 매우 바람직하지만, 부정적인 결과를 낳을 수도 있다. 하이퍼인플레이션을 방지할 수 있지만, 침체 시 신용 확대를 통한 경기회복을 방해한다. 또, 디플레이션과 불황의 원인이 될 수도 있다.

　1907년 미국 경제는 침체를 맞는다. 이에 의회는 오웬-글라스<sup>Owen-Glass</sup>법을 1913년에 통과시킨다. 이 법이 오늘날 미국의 중앙은행인 연준을 만든다. 일종의 국가 은행이 탄생한 것이다.

　연준의 의장은 미국 대통령이 임명하지만, 그 주식은 전적으로 회원 은행들이 소유하는 매우 특이한 정부-민영 혼합기관이다. 사실상 연준은 자신들이 규제하는 민간은행에 소유된 사적 법인이다. 어쨌든 연준은 연방 은행권을 발행하게 됐고 의회는 연준에 국가 금의 통제권을 넘겼다.

　연준의 경제 통제권은 막강하다. 연준은 회원 은행들의 지급준비율과 정책금리를 정한다. 그에 따라 신용 창출 정도를 제어한다. 연방 정부는 재정이 필요할 때 국채를 발행해 연준에서 빌린다. 그 국가 부채는 통상 국내외 투자자들이 다시 인수한다. 이것은 연준이 미국의 화폐 제도뿐만 아니라 정부 신용도 통제할 권한을 갖게 됐음을 뜻한다. 1965년 이래 미국의 화폐는 연준이 발행한 은행권을 뜻하게 된다.

## 달러 패권 : 1973~1999, 석유 달러<sup>Petrodollar</sup> 시대

사실 달러가 세계의 돈이 된 것은 그리 오래되지 않았다. 2차 세계대전 전까지만 해도 영국의 화폐인 파운드화가 국제 공식 화폐였다. 하나, 세계대전이 끝나면서 해가 지지 않을 것 같던 영국도 쇠퇴의 길을 걷는다. 경제 추락과 동시에 파운드화 역시 일등 화폐의 지위에서 물러난다.

전후의 경제적, 지정학적 체제는 1944년에서 1948년 사이에 변화를 겪는다. 1944년 브레턴우즈 회의 결과 국제부흥개발은행<sup>IBRD</sup>과 국제통화기금<sup>IMF</sup>이 설립된다.

브레턴우즈 체제란 1944년 7월 미국의 브레턴우즈에서 발족한 국제 통화 체제를 말한다. 목적은 두 가지였다. 우선 제2차 세계대전으로 무너진 선진국 경제를 부흥시킨다. 그리고 달러 부족으로 어려움에 빠진 개발도상국을 돕는다.

구체적으로, 미국 달러화를 기축통화로 하는 금본위제도를 시행한다. 금 1온스를 35달러로 고정하고, 그 외 다른 나라의 통화는 달러에 고정하는 방식이었다. 고정환율제도였지만 일정 범위 내에서 조정이 가능했다. 원칙적으로 상하 1% 범위에서 조정이 가능하며 예외적으로 국제수지의 근본적인 불균형이 있는 경우에만 그 이상의 변동을 허용했다. IMF는 각국에 필요한 외화를 공급할 목적으로, IBRD는 전후 부흥과 후진국 개발을 위해 설립됐다.


사실 이 체제는 한동안 잘 작동했다. 당시 미국은 가장 많은 금을 보유한 국가였고 최대 에너지 생산국이자 재화 수출국이었다. 에너지와 재화 수출로 번 돈으로 충분한 금을 보유할 수 있었다. 금본위제의 특징은 달러 발행을 금이 보증할 수 있느냐 여부였으므로 미국의 금 보유량이 충분할 때는 문제가 되지 않았다.

그러나 이런 시대는 3가지 변수로 끝나고 말았다. 미국 석유 생산량 감소, 베트남 전쟁으로 발생한 미국 채무의 급증, 유럽과 일본의 경제력 확장이 변수로 작용하면서 브레턴우즈 체제는 종말을 맞는다.

1960년대 내내 프랑스의 드골 대통령은 수출로 번 달러를 미 연준에 금으로 바꿔 달라고 요구했다. 이는 금본위제 체제에서는 합법적이다. 프랑스를 비롯한 다른 중앙은행들이 그들이 보유한 달러를 금으로 바꾸려는 요구가 증가하자, 미국 달러는 커다란 압박을 받게 된다.

미국은 당시 베트남 전쟁을 치르고 있었는데 전비를 충당하기 위한 국채 발행이 늘어날 수밖에 없었다. 당연히 보유한 금은 점차 줄고 달러는 점차 하락 압박을 받게 된다.*

1971년 5월경, 영국의 영란은행마저도 금을 요구하기 시작했고 미국의 금 유출은 심각한 상황으로 치달았다. 닉슨은 결국 금본위제를 폐지하고 같은 해 8월 변동환율제가 도입됐다.

대신 미국은 달러를 보증할 대체물로 석유에 주목한다. 1975년 사우디아라비아는 석유 결제 통화로 달러만 인정하기로 동의한다. 석유

---

* 정리하면, 베트남 전쟁 등으로 미국의 국제수지 적자가 발생했고, 전비 조달을 위한 통화량 증발로 인플레이션이 발생하면서 달러 가치가 급락한 것이다. 그러자 일부 국가들이 금 태환을 요구했고 이는 결국 금 태환 정지 선언인 1971년의 8·15닉슨조치로 이어진다. 이 조치로 브레턴우즈 체제는 붕괴했고 국제 통화제도는 혼란에 빠진다.

수출국기구<sup>OPEC</sup> 회원국 전부가 이에 참여하면서 달러는 유일한 석유 결제 통화가 된다. 그 결과, 달러는 금으로 보증되는 게 아니라 석유로 보증되는 시대가 시작된다.

이어진 석유 쇼크는 변동하는 달러 수요를 천문학적으로 증가시킨다. 독일과 일본을 포함한 석유 수입국들은 치솟는 석유 수입액을 결제할 달러를 마련할 필요가 있었다. 달러 없이는 석유를 구할 수 없는 환경이 되면서 달러 수요가 급증했고 자연스레 달러는 귀한 대접을 받는다.

동시에 OPEC은 석유 수출로 천문학적인 달러를 보유한다. 미국과 영국의 은행들은 자연스레 그 수혜를 입는다. 중동의 오일 달러는 자연스레 미국과 영국의 대형은행들에 예금으로 예치됐고 이들 은행은 이 예금을 바탕으로 더 많은 대출 여력을 얻는다. 문제는 이 천문학적인 돈을 대출해줄 마땅한 곳이 없었다는 데 있다. 누구에게 그 많은 돈을 대출해줄 수 있을까? 바로 석유 수입을 할 달러가 필요했던 제삼세계 국가들이었다. 영국과 미국의 은행들은 이들 국가에 대출을 확대한다.

석유 달러 시대는 달러를 패권적 통화로 만드는 기폭제가 됐다. 달러를 석유결제통화로 만듦으로써 미국은 쇠퇴해가는 힘을 다시 재충전할 수 있었다. 이런 흐름은 일본에도 잘 나타난다. 일본은 주요 석유 수입국이다. 자동차 등을 수출해 번 돈은 석유를 사는 데 쓰였다. 나머지는 미국 국채에 투자됐다. 1980년대까지 일본에서도 달러, 독일 마르크, 엔화를 세계 기축통화 역할을 분담해야 한다는 목소리가 있었지만 그런 일은 절대 발생하지 않았다.

## 트럼프의 등장과 달러의 지배

냉전이 끝나면서 유럽은 본격적인 통합의 길로 들어선다. 유럽연합과 '유로'로 대변되는 유럽의 통합 움직임은 미국의 패권에 미묘하지만 심각한 위협이다. 유럽이 서로 반목할 때는 미국에 위협이 되지 않았지만, 유럽의 통합은 미국 패권에 걸림돌이 될 수 있다.

유럽은 분열된 국가들의 집합이 아니라 하나로 결속된 경제 슈퍼파워가 되어가고 있다. GDP, 인구, 생산성에서 미국을 능가하는 힘을 점차 갖추고 있다.

유럽은 미국에 견줘 몇 가지 장점이 있다. 미국보다는 부채 규모가 작다. 더구나 유럽은 러시아에 인접해 있다. 러시아는 에너지 자원국이

자 군사 대국이다. 러시아, 독일, 프랑스와 유라시아 동맹은 미국에 악몽이 될 수 있다.

동시에 유럽은 지형적으로 중동과 중앙아시아의 에너지 자원지대에 더 가깝다. 2018년 들어 트럼프가 집권한 미국은 전 세계를 대상으로 무역 전쟁을 선포했다. 더는 무역적자를 감내할 수 없다는 게 미국의 속내다. 이는 미국이 '구매력'을 포기한다는 말과 같다.

구매력은 가장 강력한 힘이다. 미국이 이를 의도적으로 축소한다면 이는 곧 미국의 힘이 약화한다는 말과 다름없다. 그럴 경우, 미국의 유일한 옵션은 군사력으로 세계를 지배하는 길뿐이다.

실제로 미국의 강경론자들은 끊임없이 세계를 대상으로 자신의 군사력을 뽐내고 있다. 심지어 위협도 서슴지 않는다. 몰락하던 영국이 1870년 이후에 점점 더 필사적인 제국주의 전쟁에 의존했듯 미국도 더는 경제적 수단으로 성취할 수 없는 것을 군사력으로 즉 힘의 우위를 통해 달성하려는 의도를 내비치고 있다.

2018년 트럼프는 무역 전쟁과 동시에 군사력을 동원한 힘의 우위를 강조하고 있는데 결국 자신들의 경제적 추락을 군사력으로 복원하려는 시도로 볼 수 있다.

2차 대전 이래 미국의 경제적 영향력은 규모로만 보면 점차 쇠퇴하고 있다. 미국이 글로벌 GDP에서 차지하는 비중은 30%에서 18% 정도로 하락했다.

미국만이 아니라 선진국이 차지하는 비중 역시 감소하고 있다. 같은 기간, 중국이 차지하는 비중은 거의 4배 증가해 미국과 거의 비슷한 16% 수준이 됐다.

한편 신흥국의 비중은 2차 대전 당시 40%에서 60%로 늘었다. 이런 추세는 계속될 가능성이 크다. 선진 경제는 저성장에 시달리고 있지만, 신흥국 성장은 계속될 것이기 때문이다.

그런데 국제통화시스템에서 그런 변화를 느낄 수는 없다. 쇠퇴해가는 미국의 경제력에도 달러는 여전히 생기발랄한 청춘이다. 그 지배력은 공고하다. 글로벌 금융 시스템은 선진국에서 신흥국으로 성장의 주체가 옮겨가고 있는 현실을 적절히 반영하지 못하고 있다.

2차 대전 후 폐허의 유럽이 부활하고 글로벌 무역이 팽창함에 따라 준비자산 수요 역시 빠르게 늘었다. 1950년대부터 늘기 시작해 1970년대 초에 최고조에 달했다. 글로벌 달러 수요는 급증했다. 금환본위제도에서 달러는 금에 고정됐으나 종이 달러의 급팽창을 금이 충족시킬 수는 없었다.

1960년대 베트남전의 영향으로 미국의 부채는 급증했고 그 결과는 달러 발행 남발로 이어졌다. 달러의 발행이 온전히 미국의 권한인 이상 그 발행이 적정 수준으로 지켜진다는 것은 애초부터 상상할 수 없었다. 금에 대해 달러를 절하했지만, 달러의 '과잉 가치'는 여전했고 마침내 브레턴우즈 체제는 종말을 고한다. 달러는 지속해서 절하된다.

1960년대부터 달러의 지배력이 종말을 맞을 거란 얘기는 있었다. '달러 사망'은 흔한 단어가 됐다. 브레턴우즈 체제가 붕괴할 때도, 미국의 무역적자가 급증할 때마다, 2008년 금융위기 때도 수없이 퍼졌던 얘기다. 하지만 달러의 지배력은 여전하다. 각국 중앙은행과 정부에서 유지하는 외화보유액에서 달러가 차지하는 비중은 '달러 사망'이란 용어의 사용 빈도와 무관하게 한결같다. 달러는 국제외환 시장의 절대 거래 통화이자 여전한 석유 결제 통화다. 이 정도면 베네수엘라 지도자들이 말하는 '달러 폭정'이란 용어가 새삼스럽지 않다.

이는 일방적 주장이 아니다. 케네스 로고프Kenneth Rogoff,와 카르멘 라인

하트$^{Carmen\ Reinhart}$의 최근 연구에서 미국 달러는 여전히 그 지배적 지위를 유지하고 있다는 게 밝혀졌다. 1970년대까지 글로벌 GDP의 3분의 2는 달러에 고정됐다. 나머지는 영국 파운드와 소련의 루블이 차지했다.

현재도 모든 국가의 60% 이상이 달러를 기축통화로 쓰고 있다. 이들 국가의 GDP를 합하면 70%에 달한다. 다른 측정 수단 즉, 무역 거래의 통화나 중앙은행의 외화보유액에서 차지하는 미국 국채의 비중 또한 비슷하다.

유로는 어떤가. 유로는 그 등장 이후 달러를 위협할 가장 강력한 변수로 생각됐으나 현실은 무력하기만 하다. 달러에 이어 2위 통화를 유지하고는 있으나 그 격차는 생각보다 크다. 외려, 유로 이전 도이치 마르크보다 영향력이 크지 않다.

1980년대 초부터 1999년 유로 체제 출범 때까지 도이치 마르크의 영향력은 서유럽에서 동유럽까지 확대됐었다. 하나, 유로 등장 이후 이런 움직임은 사라졌다. 그 어떤 다른 통화도 글로벌 리더십에서 달러와 경쟁할 수 없는 게 오늘의 현실이다. 달러 지배는 견고하다.

5

달러의 앞날과
화폐의 변화

## 달러 지배는 언제까지

안전자산이냐 아니냐는 변동성이 결정한다. 달러 변동성이 작다고 할수는 없지만, 이것이 국제시장에서 달러의 매력을 잠식하지는 않는다. 각국 중앙은행이 미 국채를 보유하려는 이유가 있다. 미 국채 시장은 세계에서 가장 유동성이 풍부한 단일 금융시장이기 때문이다. 게다가 안전하다. 미연방 정부는 1812년 미·영전쟁 이래 부채를 연체한 적이 없다.

기축통화의 지위에 필수적인 건 외교와 군사력이다. 그런 점에서 미국은 세계 최강이다. 이것이 달러 지배력을 공고히 하는 원천이다. 미국과 군사 동맹을 맺은 국가들은 준비자산에서 차지하는 달러 비중이 그렇지 않은 국가들보다 30%포인트 정도 높다.

반면, 핵무기 보유국은 보유 비중이 상대적으로 적다. 캘리포니아 버클리대학 경제학 교수인 배리 아이켄그린Barry Eichengreen이 밝힌 사실이다. 지정학적 동맹과 국제 통화 선택 간의 관계는 비교적 잘 알려지지 않았지만 엄연한 현실이다.

이유는 많다. 동맹 관계이기 때문에 무기 체계가 비슷할 수밖에 없다. 미국산 무기의 의존은 달러 수요를 늘린다. 혹자는 동맹국이기 때문에 높은 우선순위로 미국이 부채를 갚을 것이란 기대가 작용했으리라 주장한다. 어쨌든, 실제로 한국과 일본은 준비자산의 80%를 달러로 보유 중이다. 군사적 동맹이 달러의 지배력을 높이는 수단임을 부정할 수 없다.

이런 달러 지배력은 언제까지 유지될 수 있을까? 누구도 모른다. 다만, 트럼프의 등장으로 달러는 진정한 시험에 들게 됐다. 트럼프는 좌충우돌의 외교적 행태를 보인다. 동맹도 안중에 없다. 심지어 고립주의를 표방하기도 한다.

이에 더해 보호무역을 실제로 가시화하고 있다. 무역 보복은 전방위

적이며 자유무역협정에 대해서도 공개적으로 적개심을 드러낸다. 이는 동맹의 균열로 치달을 수 있다.

한반도만 해도 그렇다. 트럼프 행정부를 향한 불신은 미국 힘의 누수를 뜻한다. 중국은 언제든 이 틈을 비집고 들어올 수 있다. 중국이 지정학적 측면에서 아시아에서 앞서 나간다면 그 뒤를 위안화가 이어받을 것이다. 바로, 달러 영향력의 쇠퇴다.

그렇다고 달러의 영향력이 급속히 무너지지는 않을 것이다. 즉각적인 달러로부터의 이탈, 외국 채권자의 미 국채 투매 등은 지금으로선 상상할 수 없다. 달러는 가치의 국제 저장 용도로서 아직 손색없다. 미 증유의 유동성을 보장하고 있고 미국의 효율적인 금융시장 역시 다른 국가들이 넘볼 수 없는 수준이다.

달러에 견줘 다른 통화는 아직 투자 매개체나 준비자산으로 미국 달러에 도전할 수 없는 게 현실이다. 달러는 누가 뭐래도 세계 최고의 안전자산이다. 아무리 트럼프의 정책이 치명적이라 해도 달러의 급격한 몰락은 없을 것이다.

장기적으로도 그럴 수 있느냐가 관건인데, 달러의 지배력은 얼마든지 잠식당할 위험은 있다. 중국은 사드 갈등에도 한국과 통화스와프를 재개했다. 미국의 최대 경쟁국인 중국은 미래를 보고 있다. 자신의 통화를 더욱 매력적으로 보이게끔 애쓰며 접근 가능성마저 높이고 있다.

미국이 문을 걸어 잠그고 있는 사이에 중국은 열고 있다. 사실, 이는 위안화만이 아니다. 주요 통화들의 경쟁력은 시간이 흐름에 따라 강해질 것이다. 달러의 고유한 장점은 느리지만, 점차 잠식될 것이다.

트럼프 대통령 시대는 그 시기를 앞당길 것이다. 트럼프는 달러에 득이 되는 정책을 시행하고 있지 않다. 그의 정책이 미국 경제에 도움이 되지 않기 때문이다. 기축통화의 첫 번째 요건은 글로벌 유동성 공급이다. 다시 말해, 자국 화폐를 세계에 충분히 공급해야 한다. 이 때문에 경상수지 적자와 재정적자는 운명이다. 이른바 '트리핀의 딜레마'다.

그런데 미국은 그 숙명에서 벗어나려 한다. 부채 폭증을 막으려는 미국의 재정 목표는 준비 통화 독점 제공자라는 국제적 역할과 일치하지 않는다. 달러 지배 정당성이 훼손되고 있다. 이 틈을 누군가는 메꾸게 될 것이다. 그것이 위안화든 유로화든 아니면, 특정 국가에 속하지 않는 제3의 통화든 말이다.

## 위안화는 미래의 기축통화가 될 수 있을까

중국이 미국을 제치고 세계 최대의 원유 수입국으로 부상했다. 미국에너지정보청<sup>EIA</sup>에 따르면 중국은 2017년 하루 840만 배럴의 원유를 수입해 790만 배럴의 미국을 제쳤다. 중국이 이처럼 원유 수입이 증가한 이유는 정유 능력이 늘어난 배경도 있지만, 중국 내 생산 감소와 전략적 비축 요인이 크기 때문이다.

이는 매우 중요한 의미를 내포한다. '구매력'은 '파워'다. 누군가에게 무언가를 산다는 것 자체는 그만큼 영향력의 향상을 의미한다. 원유 수입에서 미국을 능가했다는 것은 원유 수출국에 미치는 중국의 영향력이 미국을 넘어서고 있음을 뜻한다.

원유는 20세기를 지배한 에너지다. 미국은 달러를 에너지인 원유와 연동함으로써 세계 패권을 장악했다. 원유를 사거나 팔 때 반드시 달러로 결제해야 하는 시스템을 구축함으로써 원유가 필요한 국가는 달러가 필요하도록 만들었다. 이른바 페트로달러petrodollar 시스템은 원유와 달러를 연동한 시스템을 말한다.

에너지가 필수인 국가와 사람에 달러는 필수다. 달러가 원유를 지배할 수 있게 되면서 달러는 세계를 지배할 수 있었다. 20세기 달러의 힘은 원유 결제 통화였기에 가능했다.

원유는 어느 나라나 필요로 하는 필수 자원이지만 생산국은 한정되어 있다. 결국, 대부분 나라는 수입국이 될 수밖에 없다. 석유 수입 대금을 달러로 지급해야 하는 시스템에서 수입국들은 늘 거액의 달러를 비축해야 한다. 따라서 미국 경제의 건전성이나 정치 불안정과는 관계없이 달러의 가치는 어느 정도 유지된다. 미국은 그 덕에 막대한 재정적자와 무역적자 속에서도 그 영향력을 유지할 수 있었고 그 영향력 유지에 필요한 국방비를 지출할 수 있었다.

이 때문이다. 미국은 달러와 원유 연동에 민감한 반응을 보이게 된다. 원유 결제 통화가 달러가 아닌 다른 통화로 바뀌는 것을 막아야 했다. 논쟁은 있지만, 이라크전의 발발 원인이 사담 후세인이 달러에서 유로로 원유 결제 통화를 바꾼 데 결정적으로 미국의 분노를 샀다는 설이 있다.

2001년 9월 11일 이른바 9·11 테러 사건이 일어난 뒤 2002년 1월 미국은 북한, 이라크, 이란을 '악의 축'으로 규정한다. 그 후 이라크의 대량살상무기를 제거함으로써 자국민 보호와 세계 평화에 이바지한다는 명분을 내세워 미국은 같은 해 3월 20일 이라크에 미사일 폭격을 가함으로써 전쟁을 시작한다. 동시에 경제 제재도 가한다.

당시, 이라크는 유엔이 인도적 차원에서 '석유-식량 교환 계획'이라는 이름으로 식량과 의약품을 살 수 있을 정도의 석유 거래를 허용해주자, 수출 대금을 유로로 받았다. 그런데 2003년 미국에 점령당한 뒤 이라크 과도정부가 가장 먼저 한 일은 이를 다시 달러 결제로 바꾸고 석유산업 민영화 방침을 밝힌 것이었다.

사실, 원유 결제 통화를 달러에서 다른 통화로 바꾸고자 하는 시도는 여러 번 있었다. 베네수엘라 역시 마찬가지다. 반미 투사였던 베네수엘라 우고 차베스 정권도 이런 시도를 했다.

차베스는 2009년 10월 OPEC 13개 회원국이 석유결제 통화를 달러에서 달러, 유로 등이 포함된 바스켓으로 조정하는 방안을 논의했다고 밝히기도 했다. 그 결과는 참혹했다. 미국의 경제 제재에 직면한 베네수엘라는 수천%를 넘는 인플레이션과 10%를 넘는 마이너스 성장률을 기록하며 파탄 일보 직전에 놓인 상황이다.

기축통화이자 원유 결제 통화인 달러 시스템에 중국은 도전장을 내밀었다. 2018년 3월 26일 중국은 위안화 표시 원유 선물거래를 시작했다. 중국 상하이 선물거래소에 속한 상하이 국제에너지거래소는 이날부터 위안화 표시 원유 선물거래를 시작했다. 거래 대상은 두바이유, 오만 원유, 바스라 경유 등 중동산 원유와 중국산 원유를 포함해 모두 7종에 이른다. 외국인 투자자도 거래에 참여할 수 있다. 중국 정부는 외국인 투자자를 더 많이 끌어들이려고 소득세 면제 혜택을 주기로 했다.

중국은 오래전부터 원유 선물시장을 만들고자 애를 써왔다. 2015년부터 추진했지만, 당시 상하이 증시와 위안화 가치 폭락 등으로 중국 내 금융시장 리스크가 커지자 시기를 늦춘 것이다.

## 달러화 패권에 대한 도전

중국은 과거엔 금기시되던 원유-달러 시스템에 정면 도전을 하고 있다. 물론 현재의 페트로달러 시스템이 과거보다는 많이 약화한 게 사실이다. 그렇다 해도 위안화의 원유 거래 시도엔 상당한 의미가 실린다. 그만큼 중국의 힘이 세졌다는 뜻이기 때문이다.

중국은 원유시장의 가격 변동 폭이 워낙 큰 탓에 달러로 결제하는 데 불만이 많았다. 원유는 하룻밤 새 3% 이상 출렁이는 일이 다반사이기 때문이다. 중동의 지정학적 불안이 불거지면 그 변동 폭이 더 커지곤 했다.

세계 최대의 원유 수입국인 중국으로서는 원유 가격 변동 리스크뿐만 아니라 그 결제를 위해 위안화를 달러로 바꿀 때 발생하는 환율 변동 리스크도 감내해야 했다.

중국이 수입하는 원유가 하루 800만 배럴 이상이다. 가격 변동 폭이 3%이고 달러/위안화 환율이 2% 변동했다면 하루에 5%의 변동이 생기는 셈이다. 원유 가격이 배럴 당 60달러라고 가정하면 3달러다. 하루 수입량이 800만 배럴이라면 하루에만 2400만 달러의 변동 폭이 발생할 수 있다. 한화로 약 250억 원에 달하는 큰돈이다. 원유 가격과 환율 변동 폭이 이 정도라면 중국으로서는 충분히 억울할 수 있다.

중국이 아닌 그 어느 나라도 자국 통화로 물품을 수입하는 게 가장 좋다. 그러나 원화로 수입 물품을 결제하겠다고 하면 수출 당사자가 웬만해선 받아주지 않는다. 원화 가치의 불안정성 때문이다. 위안화 역시 마찬가지다.

위안화가 기축통화로 전면적인 부상을 하지 못하는 이유는 위안화 안정성에 의문이 들기 때문이다. 역으로 위안화를 사용해 원유 선물 결제를 하겠다는 건 그만큼 중국 당국이 위안화 안정성에 자신감이 있다는 뜻이다. 동시에 그 활성화 여부는 시장 참여자가 위안화 안정성을 얼마나 믿느냐로 결정될 것이다.

위안화 원유 선물거래의 첫 번째 목적은 국제 원유시장에서 중국의 영향력을 강화하려는 것이다. 궁극적으로는 원유 거래 시 달러 대신 위안화가 사용되도록 해 그 위상을 높이려는 데 있다.

중국의 이런 시도가 성공한다면 현물시장의 원유 거래에서도 위안화 사용이 늘어나는 계기가 될 것이다. 원유 선물시장 개설은 달러화 패권에 대한 위안화의 도전이자 경제 패권을 겨냥한 중국의 첫발이라 할 수 있다.

물론, 아직은 갈 길이 멀다. 원유시장의 하루 거래량은 9600만 배럴에 달한다. 일각에선 중국이 원유 선물시장에 뛰어들면서 글로벌 원유시장에도 적지 않은 영향이 있을 것으로 본다. 그럴 수 있다. 중국의 하루 수입량만 해도 800만 배럴을 넘기 때문이다.

원유 가격을 결정하는 기준은 영국 런던의 브렌트유 선물과 미국 뉴욕의 서부텍사스산 원유 선물가격이다. 이들 시장의 역사는 깊다. 투자자들의 신뢰도 그만큼 깊다. 중국의 위안화 표시 선물시장은 이제 막 걸음마를 시작했다. 투자자들이 얼마나 신뢰할지가 관건이다.

위안화 표시 원유 선물거래가 정착되려면 상당한 시간이 걸릴 수밖에 없다. 시장이 중국을 신뢰하지 않는 배경이 있다. 시장은 시장 원리로 움직여야 하는데 중국은 당국이 언제든 개입할 수 있다고 보는 것이다. 중국의 원자재 시장이 큰 변동성과 당국의 시장 개입 정도가 높은 탓에 투자자들의 신뢰를 얻지 못하는 사례가 있다.

이런 일은 원유 선물시장에서도 얼마든지 벌어질 수 있다. 중국은 외환시장도 완전히 개방하지 않은 상태다. 2015년부터 시작된 자본 통제는 여전히 계속되고 있다. 이런 정책은 언제든 원유시장에서도 시행될 가능성이 있다. 개인투자자 비중이 높은 중국 선물시장의 특성으로 투기적인 거래가 성행할 수도 있다. 블룸버그통신은 "중국은 최대 원유 수입국이긴 하지만 국제 원유시장에서의 영향력은 크지 않다"라며 "위안화 선물거래가 자리 잡으려면 최소 몇 년은 걸릴 것"이라고 내다봤다.

블룸버그의 전망에 동의한다. 다만, 중국도 이를 잘 알고 있다는 사실을 간과해서는 안 된다. 원유 선물시장은 위안화 국제화를 위한 하나의 수단이다. 1970년부터 페트로달러를 통해 기축통화 시대를 굳힌 미국의 아성을 깨뜨리겠다는 의도가 있음을 잊어서는 안 된다.

위안화 선물거래는 2018년 공식 출범한 시진핑 집권 2기가 최대 정책 기조로 삼은 금융 리스크 방지와 함께 금융시장 개방에 부합하는 조처이기도 하다.

현재 시점에서 중국의 새로운 시도가 달러화 중심의 원유 헤게모니에 어떤 영향을 줄지는 아무도 모른다. 다만, 중국 당국의 목표는 명확하다. 달러 의존을 줄이기 위해 자국 통화의 국제화 길을 모색하고 있다는 것이다.

중국 원유 선물시장의 성패는 세계 최대 산유국 사우디아라비아를 포함한 중동 산유국이 위안화 결제를 받아들이냐에 달렸다. 만약 이런 일이 발생한다면 원유뿐 아니라 철광석, 비철금속 등 기타 원자재 거래에서도 위안화 비중이 빠르게 늘 수 있다. 이는 기축통화인 달러의 독점적 지위가 흔들린다는 걸 뜻한다. 과연 미국이 이것을 용인할지는 의문이지만 중국은 그 길을 가고 있다.

## 위안화의 기축통화 부상 가능성

중국은 막대한 경상수지 흑자를 유지하고 있다. 덕분에 2018년 1월 기준 약 3조 1610억 달러의 외화보유액을 갖고 있다. 세계 최대의 외화보유국이다.

중국은 또한 세계 최대의 수출국이다. 동시에 다른 나라보다 채무도 적고 재정수지도 비교적 안정적이다. 적어도 통계상으론 그렇다. 이쯤 되면 어느 나라든 자국 통화를 국제화 혹은 기축화하려는 꿈을 꾸게 된다.

중국은 최근 위안화의 국제화에 큰 노력을 기울이고 있다. 군사력만으로는 한계가 있다. 기축통화국이 돼야 실질적인 패권국이 될 수 있다. 중국 처지에서 미국이 가장 부러운 것은 '달러의 힘'이다.

달러의 힘을 극적으로 보여준 사건은 2008년의 금융위기다. 리먼 브러더스 파산으로 촉발된 금융위기 당시 수많은 전문가가 달러가 곧 휴지가 될 수 있다고 전망했다. 하나, 달러는 이들의 예상을 뒤엎고 초 강세를 이어갔다.

미국이 금융위기를 극복할 수 있었던 힘은 어느 정도 찍어내도 그 가치가 유지되는 기축통화의 위력 때문이었다. 달러가 기축통화였기에 미국은 위기를 벗어날 수 있었다 해도 과언이 아니다.

중국의 경제력은 미국을 많이 따라잡았다. GDP는 2016년 현재 중국이 11조 2000억 달러, 미국이 18조 6000억 달러다. 중국이 미국을 추월하는데 10년 이상 걸릴 것으로 예상하지만 어쨌든 중국은 세계 2위의 경제 대국이다. 단, 위안화의 위상은 그에 걸맞지 않다. 달러는 물론 유로에 대해서도 초라한 입장이다.


국제결제시장에서 달러 영향력은 절대적이다. 세계 외화보유액에서 차지하는 달러의 위상도 변함없다. 이에 견줘 결제 비중으로 본 위안화는 달러, 유로, 파운드에 이어 4위에 불과하다.

세계 외화보유액에서 차지하는 위안화 비중은 이보다도 열악하다.

호주달러와 캐나다달러보다도 비중이 작다. 전체의 1.1%에 불과하다. 반면, 미 달러화의 비중은 63.5%로 압도적이다. 무엇보다 국제은행간 전기통신협회SWIFT 통계에 따르면 위안화 국제 결제 비중은 2015년 8월 2.8%를 기록한 후 외려 낮아지고 있다.

중국으로서는 어떻게 하든 위안화를 띄워야 한다. 그것이 이뤄지지 않는다면 G2는 말 그대로 허상일 뿐이다. 무역 거래 시 위안화 결제 확대, 한국을 포함한 일부 남미와 아시아 국가와 통화스와프협정 체결, IMF 특별인출권 SDR에 위안화 편입 등은 모두 그런 노력의 일환이다.

그러나 중국의 위안화가 세계의 기축통화로 부상하기는 그리 쉽지 않다. 미국의 견제도 견제지만 중국 자체의 외환시장과 자본시장은 여전히 열악하다.

위안화가 짧은 시간 내에 달러를 대체할 가능성은 작다. 혹자는 기축통화 패권의 역사를 들어 위안화의 부상이 어느 날 갑자기 시작될 수 있다고 주장한다. 해가 지지 않을 것 같던 영국의 파운드화 지위가 달러에 그 자리를 내줬듯이, 위안화 부상론자들은 그런 상황이 앞으로 벌어지지 않으리라 장담할 수 없다고 강조한다. 그럴 수 있다. 먼저 해결해야 할 과제를 다 한다면 말이다.

중국은 몇 개 분야에서 미국을 따라잡았다. 하지만 중국이 자신의 경제력에도 미치지 못하는 위안화 위상을 얻은 이유는 자본 통제에 있다. 이는 중국 투자를 제한해 위안화 사용을 억제하는 가장 큰 걸림돌이 된다.

가령, 원유 선물시장에서 거래하려면 위안화와 다른 통화 간 교환이 자유로워야 한다. 한데, 중국의 자본 통제로 자본 유출입이 쉽지 않은 상황이다. 이런 상황에서 어떤 투자자가 거액을 중국 원유 선물시장에 투자하겠는가. 한계가 있을 수밖에 없다.

무엇보다 기축통화가 되려면 외환시장이 개방되어야 한다. 만약 위안화 약세에 베팅한다고 가정하자. 위안화 선물을 매도하려면 위안화를 달러로 자유롭게 바꿀 수 있어야 한다. 한데, 중국에서는 이런 행위가 자유롭지 않다. 위안화 가치는 시장에서 정해지는 게 아니라 국가가 결정한다.

투자자로서는 위안화의 내일을 알 수가 없다. 시장이 아닌 당국의 개입으로 결정되는 통화에 투자자가 매력을 느끼지 못하는 건 당연하다. 세상 어떤 기축통화도 거래 제한이 있는 것은 없다.

동시에 미국의 금융시장은 세계 제일의 유동성을 자랑한다. 이에 비해 중국의 금융시장은 열악하다. 위안화 자산이 부족하다. 중국이 채권과 주식시장을 외국인에게 개방했다고 하지만 외국인들 비중은 여전히 미미하다. 설사, 위안화가 있더라도 위안화 자산에 투자할 만한 곳이 미국보다 훨씬 적다.

위안화가 기축통화가 되려면 환율이 시장에서 자유롭게 결정되는 게 필수적이다. 동시에 자본 이동에서 국가가 간섭하지 않아야 한다.

중국의 경제가 여전히 폐쇄적인 한, 실물시장만이 아니라 외환시장을 포함한 자본시장을 완전히 개방하지 않는 한, 위안화의 기축통화로의 부상은 불가능하다.

# 6

## 화폐를 더 찍어내겠다는
## 음모들

## 인플레이션이 사라졌다

세계는 2008년 금융위기 이후 통화정책의 한계를 목격하고 있다. 10여 년 만에 기준금리가 1%대로 올라섰는데 여전히 인플레이션은 목표치인 2%를 밑돌고 있다. 이상한 일이다. 돈을 풀면 물가가 올라야 하는데 좀처럼 오르지 않고 있다.

이런 상황에서 이코노미스트 대부분은 통화정책이 '정상화'되리라 낙관한다. 이들은 10여 년간 지속한 완화적 통화정책의 '출구'를 말하고 있다. 실제로 이런 움직임은 보인다. 연준은 앞에서 설명했듯 게걸음이지만 금리를 올리고 있고 대차대조표를 줄이는 '양적긴축'을 시행하려 하고 있다.

그러나 금융위기 이전의 이른바 '정상'으로의 복귀는 불가능할 것이다. 이들이 전통 경제학 이론에 따라 금리를 조절하기 때문이다. 전통 경제학은 인플레이션을 가장 중요한 금리 변수로 본다. 한데, 오늘의 경제는 전통 경제학이 설명할 수 없는 이상 현상을 보인다. 이는 결국 전통 경제학자들이 포진한 중앙은행의 선택을 제약하는 요인으로 작용한다.

인플레이션은 현대 경제의 동반자였다. 1980년대 초까지만 해도 두 자릿수 인플레이션도 심심치 않았다. 그 이후 한 자릿수로 낮아진 인플레이션은 금융위기 이후부터는 5% 이하가 일반화됐다. 심지어 최근 몇 년 동안은 2% 인플레이션도 보기 어렵다. 물론 미국 등 선진국 얘기다.

지난 몇 년간 세계 주요국 중앙은행은 천문학적인 돈을 공급하며 인플레이션 유도에 갖은 애를 썼다. 돈을 풀면 물가는 올라야 한다. 경제학 교과서가 설명하는 등식이 그렇다. 한데, 실패했다. 물가는 요지부동이다.

그뿐만이 아니다. 실업률과 임금 상승률이 반비례한다는 필립스 곡

선도 이상 현상을 보인다. 실업률이 하락하면 임금 상승률은 높아지는 게 당연하다. 기업들이 사람을 구하고 유지하는데 돈을 더 써야 하기 때문이다.

금융위기 이후 미국, 유로존 등 주요국의 실업률은 하락했지만, 임금만은 정체 상태다. 한국은행이 2017년 9월 10일 발표한 해외경제보고서를 보면 주요국의 임금 상승률은 금융위기 전보다 하락했다. 미국은 2001~2007년까지 연평균 3.2%씩 올랐으나 2014~2016년까지 연평균 2.3% 오르는 데 그쳤다. 유로 지역은 같은 기간 연평균 2.9%에서 1.5%로 하락했다.

명목임금 상승에 크게 의지하는 물가 역시 오르지 않고 있다. 미국의 실업률은 올 8월 4.4%로 완전고용에 가깝다. 반면, 미국의 소비자 물가는 전년 같은 기간에 비해 1.9% 오르는 데 그쳤다. 유럽의 상황도 마찬가지다. 유럽중앙은행은 지난 6월 올해 인플레이션 전망을 이전보다 낮은 1.5%로 수정했다.

지표 경기는 개선되고 실업률은 하락하는데, 임금은 요지부동이다. 가계소득이 정체 상태이니 소비는 늘지 않는다. 소비 부진은 물가 상승을 억제한다. 경기회복 → 실업률 하락 → 임금 상승 → 소비 증가 → 제품 가격 상승이란 순환 고리에 이상이 생긴 것이다.

전통 경제학이 오작동하는 데 원인 분석이 한창이다. 과도한 부채, 고령층의 노동 참여가 가져온 임금 상승률 제한, 임시직/일용직 등 저임금 일자리 증가, 노동조합을 포함한 노동계의 영향력 약화, 가계와 기업의 인플레이션 기대 약화 등을 꼽는다. 세계화와 각 분야에 몰아친 혁신으로 가격 파괴가 일반화한 것도 하나의 원인으로 지목된다.

현실은 위중하다. 중앙은행의 통화정책은 분명 기능부전 상태지만 어찌할 바를 모르고 있다. 분석은 했지만, 해법 앞에서 머뭇거리고 있다. 푼 돈은 거둬들여야 한다. 한데, 중앙은행은 그 시기를 특정하지 못하고 있다.

물가와 실업률이란 양대 목표를 금과옥조로 여기는 중앙은행은 목표 달성을 위해 천문학적인 돈을 시중에 퍼부었다. 이런 극단적 수단을 쓰면서 목표 중 하나인 실업률은 낮췄는데 물가를 올리는 데는 실패했다. 이것이 주요 중앙은행이 긴축 시점을 정하지 못하는 이유다.

미국의 금리 인상 속도는 애당초 예상과는 달리 느리게 진행되고 있고 유로존의 양적 완화 축소 개시 시점 역시 늦춰지고 있다.

제로금리와 양적 완화 그도 모자라 마이너스 금리라는 '비전통적'인 수단에는 '무력한'과 같은 수식어가 붙은 지 오래다. 이는 중앙은행장들도 인정하고 있다. 머빈 킹 전 영란은행 총재는 "통화정책은 해법이 아니다"라고 말했다. 호주중앙은행의 글렌 스티븐스 총재는 "중앙은행들이 할 수 없는 것에 대해 좀 더 명확히 할 필요가 있다"라고 강조했다.

세계의 중앙은행은 이제 새로운 해법을 찾을 수밖에 없는 상황이다. 그중 하나가 바로 '헬리콥터 머니'다. 2016년 3월, 유럽중앙은행<sup>ECB</sup>의 드라기 총재는 '헬리콥터 머니'에 관한 질문에 "매우 흥미로운 개념"이라고 답했다. ECB의 다른 이사들도 계속해서 헬리콥터 머니를 언급한다.
이 용어의 유래는 1969년으로 거슬러 올라간다. 밀턴 프리드먼은 그의 에세이에서 헬리콥터 머니란 말을 처음으로 사용했다. 새로 찍어낸 돈을 헬리콥터에서 뿌리는 것을 상상하면서 만들었다고 한다.

헬리콥터 머니란 중앙은행이 새로 찍어낸 돈을 헬리콥터에서 뿌리듯 시중에 공급하는 것을 말한다. 전 국민에게 나눠주거나 중앙은행이 정부에 직접 돈을 줘 재정정책에 쓰게 할 수도 있다.

헬리콥터 머니 정책이 전혀 새로운 것은 아니다. 세계는 이미 여러 차례 경험했다. 대표적으로는 초인플레이션으로 끝난 바이바르 공화국의 경우이고 미국도 과거에 시행한 적이 있다. 하나, 초인플레이션 유발 가능성 탓에 입에 올리는 것조차 금기시된 정책이다.

'헬리콥터 머니' 정책은 과연 금단의 열매일까? 마이너스 금리까지 도입하는 마당에 이를 검토하지 못할 이유는 없다. 만성적 저성장과 디플레이션 상황에 놓인 국가라면 충분히 고려할 수 있는 정책이다.

무엇보다 이 '금단의 열매'는 이미 우리 곁에 와 있다. ECB의 선임 이코노미스트인 페트르 프레이트<sup>Peter Praet</sup>는 이렇게 말했다. "모든 중앙은행은 헬리콥터 머니를 선택할 수 있다. 통화를 발행해 사람들에게 나눠줄 수 있다. 그것이 헬리콥터 머니다. 문제는 언제 시행할 것이며 그 시기는 적당한가일 뿐이다." 콜롬비아 대학의 경제학자인 리처드 클라리다<sup>Richard Clarida</sup>는 2016년에 다음과 같이 전망했다. "우린 향후 5년, 적어도 10년 이내에 헬리콥터 머니의 변형(아마도 그 실체는 은폐될 것임)을 보게 될 것이다." 그의 전망대로라면 우린 2020년대엔 헬리콥터 머니가 일상화된 상황을 마주할 수 있을 것이다.

## 헬리콥터 머니의 가능성

양적 완화와 재정정책은 거의 실패했다. 일단 그 이유를 알아보자.

왜 양적 완화는 작동하지 않은 걸까? 미국 중앙은행 연준 의장이었던 벤 버냉키가 주장했듯 양적 완화는 '포트폴리오 밸런스 채널portfolio balance channel'이다. 국채나 MBS*와 같은 안전자산을 중앙은행이 매입한다. 시중엔 안전자산이 사라진다. 민간의 투자는 자연스레 위험자산(기업채권 시장 등)으로 집중된다. 위험자산에 대한 투자가 늘어날수록 그 가격은 오른다. 채권가격 역시 상승한다. 채권가격이 오른다는 얘기는 돈 빌리는 데 이자를 덜 줘도 된다는 뜻이다. 다시 말해, 시중금리가 하

---

\* 주택담보증권. 금융기관이 장기로 대출한 주택담보대출 채권을 기초자산으로 발행되는 증권.

락한다. 목표는 금리를 낮춰 민간의 부채 수요를 촉진하기 위한 것이다. 부채 가격이 싸니 빚을 내 소비와 투자를 하라는 것이다. 한데, 실패했다. 이유는 민간이 극심한 위험 회피 현상을 보이며 국채 등 안전자산만을 선호하기 때문이다. 또 소비 욕구보다는 현금 보유 욕구가 더 크다.

전통적인 재정정책도 그다지 효과를 거두지 못했다. 재정정책은 정부가 민간에 채권을 팔아 그 돈으로 직접 수요를 자극하는 방식이다. 하지만, 정부의 차입이 늘어날수록 정부의 지급 능력에 우려가 커진다. 국채 금리가 상승할 수밖에 없다. 이는 시중금리 상승으로 이어져 민간투자를 위축시킨다. 게다가, 가계는 정부가 늘어난 부채를 갚느라 가까운 미래에 세금을 올리리라 예상해 소비를 줄일 수 있다.

이것이 이 두 정책이 효과를 보이지 못한 이유다. 그런데 헬리콥터 머니는 다를 수 있다. 헬리콥터 머니는 양적 완화와 재정정책을 합쳐 놓은 것이다.

정부는 중앙은행에 채권을 발행한다. 중앙은행은 새롭게 창조한 돈으로 그 값을 치른다. 정부는 이렇게 마련한 돈으로 투자나 고용을 한다. 세금을 감면해주고 국민에게 직접 나눠준다. 총소비가 늘어날 수 밖에 없다. 일반 국민이 아닌 중앙은행이 채권을 사므로 민간투자는 크라우딩아웃 현상crowing out* 을 보이지 않는다.

양적 완화는 중앙은행이 공급한 돈의 회수를 전제로 하지만 헬리콥터 머니는 매입한 채권을 되팔지 않는 걸 원칙으로 한다. 따라서 일단 공급된 돈은 회수되지 않는다. 채권매입으로 벌어들인 이자까지도 정부에 돌려준다. 정부는 채권 상환을 걱정하지 않아도 되니 세금을 올려 상환자금을 마련할 필요가 없다. 따라서 가계는 세금 인상을 걱정하지 않아도 된다.

결국, 소비가 늘어나고 물가는 오르며 명목 GDP는 상승한다. GDP 대비 부채비율은 안정될 것이다.

이 주장이 이상적으로 보일 수 있다. 왜냐하면, 헬리콥터 머니의 역사 대부분이 실패로 끝났기 때문이다. 바이마르 공화국, 1990년대의

---

* 국가가 국채를 대량으로 발행해 금융시장과 자본시장의 자금을 흡수함으로써 자금 사정이 핍박해져 기업의 자금조달이 어려워지는 현상.

짐바브웨 등이 좋은 예다.* 오늘날 중앙은행 대부분이 헬리콥터 머니를 금지하는 이유다.

그러나 정부 부채를 중앙은행이 직매입하는 정부 부채 현금화 monetization가 반드시 초인플레이션을 유발하지는 않는다. 뜻밖에도 오늘의 중앙은행은 끊임없이 정부 부채를 현금화하고 있다. 미국의 연준만 해도 양적 완화를 시행하기 전인 1997년과 2007년 사이에 국채 보유액을 3550억 달러까지 늘렸다. 유통 통화 역시 그 비슷한 수준까지 증가시켰다. 미국 정부는 연준으로부터 3550억 달러를 빌려 썼고 갚지 않았다. 그런데도 우려했던 높은 인플레이션은 발생하지 않았다.

이는 통화량 증가가 반드시 인플레이션으로 귀결되지 않는다는 반증이다. 중앙은행이 정부 지출에 직접 돈을 지원한다고 해서 반드시 초인플레이션으로 귀결되는 건 아니다.

영국의 경제학자인 아데어 터너Adair Turner는 헬리콥터 머니의 옹호자인데 그는 자신의 저서인 《부채와 악 사이》에서 몇 개국을 예로 들었다. 1860년대의 미국 연합정부, 1930년대 초의 일본 등이 정부 부채를 현

---

* 이들 국가에서는 천문학적인 인플레이션이 발생했다. 하이퍼(초)인플레이션 현상을 보인 것이다. 1923년 말 바이마르 공화국에서는 편지 한 통 발송 비용이 215억 마르크에 달했다. 쓸모없어진 독일 마르크화는 벽지나 화장실 휴지 그리고 불쏘시개로 사용됐다.

금화했다.

그는 가장 성공적인 예로 2차 대전 당시의 미국을 들었다. 1940년과 1945년 사이에 연준의 국채 보유액은 25억 달러에서 220억 달러로 급증했다. 전쟁 수행에 필요한 정부자금을 지원했기 때문이다. 연 GDP의 9%에 맞먹는 금액이다. 이는 정부 부채의 현금화였다. 중앙은행이 매입한 국채 대부분은 영구적이었다.

결과는 긍정적이었다. 전쟁은 명목 GDP를 크게 끌어올렸다. 반면, 물가상승률은 미미했다. 임금과 물가에 대한 통제 덕분이었다. 임금과 물가 통제가 끝나면서 물가는 1945년과 1948년 사이에 34%나 급등했지만, 곧 낮은 한 자리 숫자로 복귀했다.


헬리콥터 머니가 과도한 인플레이션을 낳을 거란 필연적인 이유는 없다. 정부와 중앙은행은 다양한 방식으로 인플레이션을 제어할 수 있다. 예를 들어, 시중은행이 중앙은행에 예치하는 지급준비율을 높여 새롭게 찍어낸 현금의 유통량을 통제할 수 있다.

은행의 대출총액을 규제함으로써 인플레이션과 명목 GDP 상승도 제한할 수 있다. 인플레이션은 정치적 의사결정의 산물이다. 2차 대전 당시의 미국처럼 정부의 의지에 따라 상당 부분 조절이 가능한 것이다.

오늘날 각국은 인플레이션을 유발하려고 애를 쓰고 있다. 하나, 극단적인 통화정책과 재정정책에도 좀처럼 목표를 달성해내지 못하고 있다. 설상가상 심각한 악성 종양이 자라나고 있다. 자산시장 거품(버블)이 그것이다.

가공할 정도로 풀린 돈이 동맥경화 현상을 일으키는 꼴이다. 일부 계층, 기득권 세력에게만 집중됨으로써 실물 경제의 회복에 쓰이기보다는 투기의 재원이 되고 있다. 세계가 공식적으로는 디플레이션 위협에 시달리지만, 자산시장은 고공행진을 지속하고 있다는 점을 기억해야 한다.

헬리콥터 머니를 '기본소득제'와 연관해 생각해볼 때가 됐다. 중앙은행은 국가의 기관 즉 국민의 기관이다. 그곳이 생산해낸 돈은 분명 국민의 돈이 틀림없다. 왜 부자를 돕는 건 투자라고 하고 가난한 사람을 돕는 건 비용이라 하는가? 마찬가지다. 왜 중앙은행의 돈이 은행을 포함한 기득권 세력에게 가는 건 위험하지 않고 대중에게 직접 향하는 건 위험하다고 주장하는가?

인플레이션 위험을 말하지만 우린 이미 충분한 인플레이션을 경험하고 있다. 인플레이션 통계에서 빠지는 자산시장 인플레이션이 극에 달한 세상에 살고 있다. 이것이 진짜 위험한 것은 버블이 빠질 때 우리가 다시 지금보다 더한 디플레이션을 경험하게 될 것이 분명하기 때문이다.

헬리콥터 머니는 분명 하나의 해법이 될 수 있다. 방점은 국가(중앙은행)가 생산해낸 돈의 배분에 있다. 그것이 골고루 공평하게 배분될 때 '헬리콥터 머니' 역시 그 정당성을 얻을 수 있다. 하지만, 이 역시 기축통화국에 해당하는 얘기다. 통화정책 운용에 제한을 받는 나머지 국가들은 선택의 여지가 별로 없다. 그것이 안타깝다.

방법이 없는 건 아니다. 변형된 헬리콥터 머니는 충분히 가능하다. 신흥국이라도 국가 부채를 크게 늘리지 않는 범위 내에선 충분히 가능하다. 한국의 성남시나 서울시 혹은 경기도에서 시행하고 있는 청년들을 대상으로 한 각종 지원금이 대표적이다. 65세 이상 노인을 대상으로 한 기초연금이나 0~5세 이하의 아동을 둔 가정에 지급하는 아동수당 등은 변형된 헬리콥터 머니의 좋은 예다.

헬리콥터 머니가 효과적인 이유는 목표를 정해 한계소비성향*이 높

---

* 소득 변화분에 대한 소비 변화분의 비율. 한계소비성향이 높다는 말은 그들에게 준 돈이 즉시 그것도 대부분 소비에 쓰인다는 것이다.

은 대상에게 직접 지원을 해줄 수 있다는 데 있다. 소비가 늘면 생산이 늘게 되고 투자 역시 증가할 수밖에 없다. 자본주의의 가장 큰 병폐인 '과잉생산'을 처리할 수 있는 매우 효과적이 방책이다.

헬리콥터 머니가 아니고선 불평등의 심화가 낳은 만성적 소비 부진을 해결할 방법이 없다. 대부분이 가난한 세상에서 자본주의가 낳은 과잉생산물을 처리할 수 있는 수단이 더는 없다. 남은 방법은 주머니를 인위적으로라도 채워 불평등을 줄이는 길뿐이다.

## 탄력받는 보편적 기본소득

기본소득제가 근 30년 만에 주목을 받고 있다. 진보 정치인은 물론 크리스토퍼 피사리데스와 같은 노벨상 수상자들 역시 그 도입을 주장한다. 다보스포럼처럼 보수 색채의 엘리트 모임에서도 경제적 불평등을 치유할 대안으로 기본소득제를 논의하기 시작했다.

기본소득제에 관한 수많은 연구와 실험들이 미국, 핀란드 심지어 한국에서도 행해지고 있다. 인도는 모든 국민을 대상으로 한 기본소득제 도입을 검토 중이란 소식도 들린다.

아이디어는 매우 단순하다. 국가나 사회 구성원에게 어떠한 조건도 없이 지급하는 현금 소득이 바로 기본소득제다. 재산이나 소득의 많고 적음, 노동 여부나 그 의사와 상관없이 지급하는 점이 특징이다. 기본소득 찬성론자들은 그 시행으로 모든 시민에게 절대적 안전망을 제공해 현재의 비효율적인 복지 혹은 급여시스템을 대체할 수 있다고 강조한다.

　무엇이 기본소득제를 양지로 끌어올렸을까? 경제적 불평등에 따른 위기의식 때문이라고 할 수 있다. 우선 기본소득제는 사회 정의의 수단일 수 있다. 자본주의가 만들어낸 부가 특정 계층에 편중되면서 발생한 경제적 불평등은 돈이 인간의 존엄성을 결정하는 폐해를 만들어냈다. 이를 치료할 방법은 '부'의 공정한 배분에 있다.

　'부가 특정인에게 집중되는 현상을 막아야 한다는 것'이 정의에 가깝다는 인식이 이제 일반화되고 있다. 무엇보다 돈은 인간을 구속한다. 우리는 생존을 위해 억지로 생업에 종사해야 할 때가 있다. 일은 즐거움이라기보다는 고통에 가까워진다. 행복하기 위해 사는 게 아니라 돈을 위해 사는 게 오늘의 현실이다.

　누구나 자신의 삶을 통제할 수 있어야 한다는 점에서 기본소득제는 의미가 있다. 우리는 현재 만성적 불안증을 앓으며 점증하는 불평등

시대를 살고 있다. 그런 관점에서 사람들에게 안정감을 줄 수 있는 새로운 소득분배 메커니즘을 만들 필요가 있다.

진보적 좌파들을 넘어 기존 보수 엘리트들에게서도 호응을 얻는 이유가 있다. 사실, 현대의 기술혁신은 지수적 성장(폭발적 성장)을 하고 있다. 그에 따라 로봇과 인공지능은 가까운 미래에 현존하는 인간의 일자리 대부분을 대체할 것이라는 전망이 힘을 얻고 있다. 이 상황을 내버려 둔다면 '부'의 편향은 더욱 심해질 수밖에 없다. 생산수단을 독점한 자본계층만이 기술혁신으로 파생한 이득을 독차지할 것이기 때문이다.

중요한 것은 소비와 투자의 주체는 4차산업혁명 시대에서도 여전히 인간이란 사실이다. 이들이 일자리를 잃어 생계가 막막하다면 소비는 얼어붙을 것이고 그에 따라 투자 역시 급감할 것이다. 이는 역설적으로 자본주의의 균열을 초래한다. 세계는 좌우를 떠나 이를 치유할 대안을 찾고 있으며 찾아내야 자본주의를 지속할 수 있다.

## 기본소득제 반대론자들의 주장

기본소득제를 반대하는 측은 크게 두 가지 점을 내세운다.

첫째가 비용 문제다. 재원이 마련되어야 하는데 이를 충당할 마땅한 방법이 없다는 것이다. 과연 그럴까? 이미 국가 대부분은 상당한 액의 복지급여를 지출하고 있다. 한국만 해도 국민기초생활 보장법에 따라 최저생계비를 일부 계층에게 지급하고 있으며 노인연금도 시행하고 있다. 이를 기본소득제로 통합하면 재원 확보는 일부분 가능하다.

물론 이것만으로 충분하지 않기에 대부분 국가에서 증세는 필수적이다. 그것이 여의치 않다면, 자본 펀드를 조성할 수 있다. 가이 스탠딩 Guy Standing은 알래스카의 퍼머넌트펀드Permanent Fund를 그 예로 들었다. 이

펀드는 1976년에 설립했는데, 오일 수익금을 그 재원으로 한다. 이 돈으로 모든 알래스카 주민들은 기본소득을 받고 있다. 노르웨이 역시 마찬가지다.

그렇다면 오일이 생산되지 않는 국가는 어떻게 그런 시스템을 만들 수 있을까? 다른 수익원을 찾으면 된다. 스탠딩은 그의 최근작인 《자본주의의 부패》에서 '불로소득' 계층을 부패의 원인으로 지목했다. 부동산을 포함한 재산(저작권과 특허권을 포함)과 투자에서 나오는 불로소득으로 생활하는 부유한 사람들이 늘어나는 현상을 비판하고 있다. 이것이 OECD 국가의 빈부격차를 심화시키는 주요 원인이라고 주장한다. 34개국에서 상위 10%의 부자가 빈자 10%의 9.6배를 벌고 있다는 게 현실이다.

이를 능력주의 시대에서 필연적으로 발생하는 자연 현상이라고 보는 한 발전은 없다. 글로벌 자본주의가 얼마나 불로소득 자본주의가 되어가고 있는지에 현실 인식이 없다고 봐야 한다.

2013년은 2백만 개 이상의 새로운 특허가 등록된 첫해다. 보장 기간은 평균 20년이다. 한국은 하나님 위에 건물주가 있다는 우스개가 유행하고 있다. 스탠딩은 이런 현상은 치유되어야 하며 국가는 불로소득을 자본 펀드의 자금원으로 삼아야 한다고 강조한다.

둘째는 기본소득제가 근로 의욕을 저해할 거라는 믿음이다. 하나, 자세히 들여다보면 근거가 약하다. 기본소득제보다는 현재 국가 대부분에서 시행 중인 자산조사급여<sup>means-tested benefit</sup>시스템이 근로 의욕을 떨어뜨리는 주범이다.

지금의 자산조사급여시스템은 개인별, 가구별로 재산과 소득의 상태를 조사한 결과를 토대로 복지급여를 제공한다. 문제는 이것이 빈자를 빈곤의 함정에 가둔다는 데 있다. 한국의 경우를 예로 들면, 최저생계비를 받으려면 가구소득이 특정액 이하여야 한다. 이때 가구원 중 하나가 일자리를 얻으면 특정액을 넘어 급여 대상에서 탈락한다. 이들 가구는 일 대신 최저생계비에 안주하는 선택을 한다. 근로 의욕을 떨어뜨리는 원인이 되는 것이다.

기본소득제에서는 근로 여부와는 무관하게 급여가 지급되므로 대부분은 추가 소득을 위해 열심히 일하는 선택을 하게 된다. 스탠딩은 수많은 실험 특히, 인도에서 이것이 입증됐다고 주장한다.

그렇다고 기본소득제가 현대의 모든 병을 고칠 수 있는 만병통치약은 아니다. 분명한 것은 하나 있다. 새로운 분배시스템이 절실하다는 것이다. 옛 시스템으로는 현대의 불평등을 치유해낼 수 없다.

실질임금은 OECD 국가에서 정체하고 실업률은 높아만 간다. 불안정 역시 커지고 있다. 역으로 불로 소득자들의 부는 나날이 커지고 있다. 이것이 오늘의 정치를 신파시스트의 득세로 몰아가고 있다. 극단적 정치는 세계를 위험으로 내몬다. 기본소득제는 이들 병폐를 치유할 하나의 수단임이 분명하다.

7

토마 피케티 이후 바뀌는
부의 정의

## 토마 피케티가 진짜로 말하고자 했던 것

남들은 삼십 줄이 넘어야 겨우 따는 박사 학위를 불과 스물두 살에 땄다. 그리곤 얼마 지나지 않아 미국의 유명대학인 MIT 교수로 임용된다. 천재다. 하나, 이 정도는 놀라운 얘기도 아니다. 드물긴 하지만 이런 성공담은 간혹 있다.

그러나 "쓸모없는 수학 문제 풀이나 하며 사회의 근본 문제는 외면하고 있는" 경제학에 실망해 3년 만에 그 귀한 교수직을 버린다. 그 후 모국인 프랑스로 돌아와 사회 모순을 풀기 위한 경제학에 매진한다. 이 정도면 극히 귀한 얘기가 된다.

그는 천재다. 세상의 영예와 부에서 한 발 떨어져 자기 분야에서 매진했다는 점에서 그렇다. 무엇보다 암울한 시기에 고통의 원인을 찾는데 천착했다는 점에서 그렇다. "천재는 어두운 시기에 빛을 발한다."란 말에 어울리는 사람이다. 그는 바로 토마 피케티Thomas Piketty다.

현대 경제의 화두는 누가 뭐래도 '불평등'이다. 20세기 말 이후 세계관인 신자유주의는 '가진 자'와 '갖지 못한 자'의 간극을 벌렸다. 2016년 투자은행인 크레디 스위스의 조사결과는 이를 너무나 잘 보여준다. 전 세계 백만장자 3300만 명 즉, 세계 인구의 불과 0.7%가 한국 돈으로 13경 7200조 원의 부를 소유하고 있다. 전체 글로벌 부의 45.6%에 달한다. 1%도 채 안 되는 인구가 전체 재산의 45%를 갖고 있다.

반면 72%의 사람은 불과 2.4%의 재산을 갖고 있을 뿐이다. 반대가 정상이지만, 현실은 절대다수가 점점 가난해지고 극소수 상위계층이 부를 독점하는 형국이다. 매년 백만장자는 늘어나고 있지만, 그보다 빠르게 빈민층이 급증하고 있다. 상위 1%가 나머지 99%의 자산 규모 이상을 가진 세상이 오늘날 현실이다.

상위 1%의 부가 전 세계 부에서 차지하는 비중은 2009년 44%에서 2014년 48%로 늘어나더니 2016년에는 마침내 50% 이상으로 늘었다.

  자본주의 사회에서 '부익부 빈익빈' 현상이 새롭지만은 않다. 사실, 부자는 더 부자가 되고 가난한 사람들은 더 빈곤해지는 불평등 문제는 인류 역사와 함께했다. 다만, 자본주의는 사유재산 제도로부터 부자와 빈자의 틈을 날이 갈수록 벌리고 있다는 게 문제다. 이대로 두면 거의 모든 재산을 극소수가 독점한 봉건체제로 복귀할 가능성마저 배제할 수 없다.

  왕과 귀족 등이 거의 모든 것을 독점한 세상, 나머지 다수는 농노로 살아야 하는 세상. 인류는 혁명을 통해 민주주의를 완성했으나, 자본주의는 이를 과거로 퇴행시키고 있다고까지 할 수 있다.

  경제 성장을 통해 얼마든지 불평등을 완화할 수 있다고 주장하는 사람들은 여전히 많다. 파이를 키우지 않으면 나눌 몫도 적어진다는 논리는 현대 자본주의의 일관된 논리다. 그렇다면 그간 성장의 몫은 어디로 간 걸까? 아직도 성장을 더 해야 나눠야 할 몫이 생긴다는 말인가. 성장을 통한 분배는 단지 신화에 불과하지만, 여전히 기득권 학자들과 자본가들 그리고 관료들은 '성장'에 목을 매고 있다.

과연 그럴 수 있을까. 현 체제로의 미래는 암울하다. 최근의 기술변화와 관련된 가장 큰 근심거리는 로봇과 인공지능이 인간 일자리의 절반 이상을 없앨 거라는 전망이다.

일부에서는 새로운 기술이 생산성을 끌어올려 소득을 높이고, 이는 소비와 투자, 고용의 증대로 이어질 거라 말한다. 기술이 없앤 일자리보다 더 많은 일자리가 만들어져왔다는 것이다. 그럴 수 있다. 그렇지만, 오늘 그리고 미래의 기술에 쉽게 적용할 수 있는 사람은 그리 많지 않다.

기술의 고도화는 필연적으로 '기술적 실업'을 만들어낸다. 기술의 진보를 인간이 따라가지 못해 발생하는 구조적 실업은 필연이다. 그 양태 또한 과거와는 다를 것이다. 단순한 기술만 익히면 됐던 과거의 기술 진보와는 달리 오늘의 혁신은 고도의 전문 기술을 필요로 한다. 과연 이 기술을 익혀 새로운 일자리에 적응할 사람이 몇이나 될지 의문이다.

설사 적응한다 해도 문제는 여전히 남는다. 기술발전으로 얻는 성과나 성장이 로봇과 인공지능 같은 고도화한 자본을 소유한 이들에게 집중되는 시스템을 바꾸지 않는다면 다수는 여전히 가난에서 벗어날 수 없다. 이는 지난 수십 년의 역사가 증명한다.

기계가 인간을 대체하는 자동화로 생산성은 향상됐다. 하지만, 그 과실 대부분은 자본 소유자가 가져갔다. 성장은 했지만, 불평등이 심화하는 이유 역시 여기에 있다.

인공지능과 로봇이 노동을 대체하는 미래에 소득 격차가 더욱 벌어지리라는 것은 자명하다. 조물주 위에 건물주, 건물주 위에 로봇주 혹은 인공지능주의 세상이 오는 것이다. 노동경제학의 대가인 리처드 프리먼 미국 하버드대 석좌교수의 경고다.


"소수의 사람과 공장이 새로운 기술을 통제한다면 우리는 '로봇 시대 봉건제robot-age feudalism로 돌아갈 위험이 있다. 로봇 소유자는 번창하는 반면 대다수는 힘겹게 살아가야 한다."


성장 자체는 불평등의 원인도 아니고 불평등 해소의 방편도 되지 않는다. 이것은 누구나 다 아는 바다. 성장의 과실을 어떻게 나눌 것이냐가 불평등과 직접 연결돼 있다. 성장으로 불평등을 얼마든지 완화할 수 있다고 주장하는 기득권의 논리는 달을 보라는데 달을 가리키는 손가락만 보는 형국이다.

이런 논란의 와중에 피케티의 《21세기 자본론》이 세상에 나왔다. 이 책은 무척 조심스럽다. 섣불리 무언가를 주장하거나 전망하지 않는다. 데이터 즉, 팩트로 말하고 있다. 20개국의 무려 300여 년에 걸쳐 축적된 방대한 통계들을 분석하고 있을 뿐이다.

자본가를 포함한 기득권은 불평등 문제를 어떻게든 숨기려 한다. 그들을 대변하는 학자들 역시 마찬가지다. 불평등 문제가 수면 위로 드러나고 폐해가 속속 밝혀져도 이들은 개의치 않는다.

최저임금 인상을 대하는 이들의 태도만 봐도 알 수 있다. 최저임금 인상이 중소기업, 자영업자에게 악영향을 줘 최종적으로 그 피해를 받는 건 자신들이 아니라 서민층이란 점을 강조한다. 최저임금 인상을 통해 불평등을 해소하려는 당위성을 현실적 문제를 핑계로 무력화시키는 것이다. 당위성이 인정된다면 어떻게 하든 이를 관철하려는 노력 대신 현실을 핑계로 당위성 자체를 무시하는 것이다.

경제는 통계의 학문이라 해도 과언이 아니다. 통계가 근본적으로 품은 한계에도 경제 현상을 보여주는 건 통계일 수밖에 없다. 문제는 기득권이 통계를 악용한다는 데 있다. 심지어 데이터를 조작하거나 마사지해 현실을 오도하기도 한다.

피케티가 대단한 점은 논증을 통해 이들 기득권의 논리를 깼다는 데 있다. 보수 언론과 학자들 그리고 그들의 뒷배 역할을 하는 자본가들은 여전히 이 책의 결점을 들추려고 애를 쓰고 있지만, 발간 후 수년이 지나도 피케티의 주장은 그 설득력을 더해 갈 뿐이다.

이 책이 대중적이라 할 수는 없다. 방대한 데이터는 읽는 이를 지치게 한다. 하나, 그의 열정과 진심은 이 책을 귀하게 만든다. 이 책 서문에서 피케티는 결론을 말하고 있다. 그것이 그의 진심이다.

"우리는 장기적으로 부의 분배가 어떻게 변화해 왔는지에 관해 무엇을 진정으로 알고 있는가?"

피케티가 밝히려고 한 것은 팩트를 넘어선 진실이었다. 피케티는 팩트를 말함으로써 기득권의 논리에 정면으로 반박한 것이다. 부의 분배는 일방적이었으며 우리 대부분은 이미 기득권의 논리에 밀려 무력하게 이를 당연한 것으로 받아들이고 있다는 것이다. 더 나아가서, 분배의 불합리를 수정하지 않으면 자본주의는 위기를 맞을 수 있다는 것을 강조한 것이다.

지금으로부터 200여 년 전, 자본주의 몰락을 전망한 진정한 천재가 있었다. 마르크스는 금지된 인물이었다고 해도 과언이 아니다. 그가 쓴 《자본론》은 금서였다. 기득권 세력이 가장 두려워한 책이었다. 그의 논리는 자본주의 체제에 가장 큰 위협이었을 것이다. 더 정확히는 자본주의의 가장 큰 수혜자인 자본가들의 이익에 치명적인 책이었다. 20세기 인류사에 가장 큰 영향을 미친 학자지만 그의 이름을 거명할 때는 대단한 용기가 필요했을 정도로 위험한 학자로 취급받았다.

피케티의 책 역시 '자본'이란 단어를 포함하고 있다. 이는 우연이 아니다. 두 천재는 함께 자본주의가 이대로라면 파국을 피하지 못할 것이란 전망을 담았다. 물론 결론에 이르는 과정은 다르지만.

두 천재의 성찰은 역설적으로 자본주의 체제를 더욱 발전된 방향으로 유지해나가려는 데 있다. 자본주의는 분명 위기에 처해 있다. 이를 그대로 내버려 두면 그 체제는 존속할 수 없다.

인류는 진보해야 한다. 하나, 과거와 같이 파괴적인 방식으로 사회 진보를 꾀하는 것은 바람직하지 않다. 가장 좋은 방법은 박근혜 정권을 탄핵한 한국의 '촛불 혁명' 방식이어야 한다. 그 핵심은 대중의 분노다. 다만, 그 분노는 평화적으로 표출돼야 한다. '다수의 선'이 무엇인지에 대한 사회적 합의, 그 합의를 달성하기 위해 평화적 수단을 써야 한다는 것, 그것만이 최선의 방책이다.

마르크스와 피케티 둘 다 잘못된 세상에 분노를 던지고 있다. 이 둘은 그 분노를 어떤 식으로 표현했을까.

## 마르크스의 전망은 옳았다

마르크스와 피케티는 자본을 바라보는, 더 정확히는 자본수익률*에 대한 전망에서 차이가 난다. 마르크스는 자본수익률이 점차 하락해 0에 가까워지리라고 봤다. 그는 인간의 노동이 기본적으로 경제적 가치를 만들어내는 원천이라 생각했다. 인간의 노동이 투입됐을 때만 가치가 증가하고 이윤이 생긴다고 본 것이다.

　문제는 자본은 사람에게 들어가는 돈을 계속 줄이려 한다는 데서 파생한다. 그렇게 줄인 돈은 생산 설비나 공장을 늘리는 데 쓴다. 그래야 수익률 저하를 막을 수 있다고 믿기 때문이다. 이 과정이 계속되면 전체 자본 대비 사람한테 재투자되는 비율은 점차 줄어든다. 한데,

*생산 및 영업 활동에 투자한 자본으로 어느 정도 이익을 거두었는지를 나타내는 지표.

이윤을 만들어내는 건 사람의 노동이므로 자본수익률은 점차 하락할 수밖에 없다는 것이다.

요컨대, 가치를 만들어내는 건 인간인데 인간에게 들어가는 돈을 줄이려는 자본가들의 욕심이 결국은 자본수익률을 제로로 수렴시킨다는 것이다. 이른바 노동가치설Labor Value Theory이다.

이 이론은 분명 한계를 안고 있다. 과연 인간의 노동력만이 가치 창출의 유일한 원천인가에는 의문이 든다. 자본, 생산 원료 등을 포함하는 토지가 없다면 생산을 통한 가치 창출은 원천적으로 불가능하다. 다만, 인간이 최종 소비자란 점에서 자본이 그 인간에게 주는 대가가 줄수록 결국 소비는 얼어붙어 생산물은 과잉 공급 상태가 될 테고 이는 공황으로 연결될 수 있다. 그렇게 되면 자본수익률 역시 제로에 근접하게 될 것이다.

마르크스는 자본의 수익률 저하와 함께 과잉생산과 공황을 전망한 천재였다. 과잉생산과 거품경제는 자본주의와 함께 해왔다.

1930년대의 대공황, 2000년대 초의 닷컴 버블, 2008년의 부동산 거품으로 인한 금융위기 등은 모두가 과잉생산과 거품경제가 낳은 결과물이었다. 이는 마르크스가 말한 '생산의 무정부성' 때문이다.

어렵지 않다. 사람들의 실제 필요에 맞춰 재화나 서비스가 생산되는 게 아니라 자본가들의 이윤 최대화 욕심으로 생산이 일어난다는 것이다. 자본은 돈이 되는 곳으로 몰린다. 이 쏠림 현상은 해당 분야의 과잉생산을 유발할 수밖에 없다. 한국의 조선업을 상상해 보면 된다. 소비재나 서비스업도 마찬가지다. 가령, 미용실이 잘 된다고 하면 그 근방에 금방 몇 곳이 들어선다. 일반적으로, 과잉생산은 과잉경쟁을 낳게 되고 이는 끝내 파국으로 이어진다.

현대 자본주의는 넘쳐나는 생산물을 처리하려고 신용 제도를 확산했으나, 이 또한 역부족이다. 부채를 통한 과잉생산물 처리는 일시적으론 효과가 있을지 모르지만 신용 팽창을 영원히 지속할 수 없다는 한계 탓에 거품경제만을 양산한 채 끝내는 터져버리고 만다. 미국의 부동산 버블, 작금의 한국 부동산시장도 예외일 수 없다.


자본수익률 하락은 자본의 비용 절감 욕구 극대화로 표출된다. 일반적으로 비용을 줄이는 가장 좋은 방법은 인건비 절감이다. 경기가 어려우면 자본이 제일 먼저 선택하는 것은 임금 동결, 해고 등이다.

노동자들의 삶이 어려워지면 자연스레 소비도 위축될 수밖에 없다.

이는 결국 총수요 감소로 이어져 과잉생산물 처리가 불가능해지는 '공황'이 발생한다. 한쪽에서는 과잉생산이 이뤄지고 다른 쪽에서는 돈이 없어 필수품도 못 사는 상황. 이때 자본의 순환은 멈추게 된다. 일자리는 사라지고 물가는 하락 또는 급등하는 극단적 상황이 벌어지는 것이다. 이게 바로 공황이며, 마르크스는 자본주의는 필연적으로 이 길을 갈 거로 전망했다. 현대 경제의 흐름을 유심히 보면 마르크스의 전망은 옳았다.

## 불평등이 부의 기회를 박탈한다

피케티는 마르크스의 기본 전제를 전적으로 부정한다. 자본의 수익률이 제로에 수렴한다는 마르크스의 주장에 실증적 데이터를 들이대 반기를 든다.

"자본수익률은 경제성장률보다 영원히 높을 것이다. 인류 역사에서 늘 그래왔고 앞으로도 그럴 것이다. … 마르크스 자본의 기본 전제는 잘못됐다."

이게 무슨 말인가. 실제로 공황이 오면 힘든 사람들은 서민이다. 자본가들은 외려 승승장구한다. 급락한 주식, 부동산 등을 사모아 경기 회복 시점에 그야말로 떼돈을 번다.

공황기엔 일반적으로 금리가 오르는데 자본가들은 은행에 예치된 돈만으로도 천문학적인 수익을 남긴다. 공황 때만이 아니다. 자본은 호황기든 불황기든 관계없이 수익을 낸다. 마르크스는 분명 엄청난 업적을 남겼지만, 그의 추론은 사회적 상황을 추상화한 수학적 계산을 통해 이루어졌다.

피케티는 방대한 데이터를 분석해 자본수익률이 4~5% 이하로 떨어진 적이 없음을 증명해냈다. 이것은 팩트다. 피케티의 주장이 옳다.

다만, 마르크스가 완전히 틀렸다고 할 수는 없다. 자본가들이 자신의 이윤 저하를 막으려고 고안해낸 다양하면서도 악랄하기까지 한 방법들까지 그는 상상할 수 없었다.

현실 세계에서 자본수익률은 경쟁 심화로 저하될 수밖에 없다. 다만, 다양한 방법들로 지켜지고 있을 뿐이다. 임금을 떨어뜨리고 기술혁신을 시도한다. 정치 권력과의 야합을 통해 친자본적인 제도를 공고히 한다. 신규 수요를 창출해낸다. 자본을 집중해 이윤을 극대화한다.

이 중에서도 자본의 집중은 자본 금융화를 뜻한다. 금융 자본주의 시대는 그야말로 자본이 황금알을 낳는 거위다. 맘에 드는 회사가 있으면 M&A로 인수하면 된다. 이렇게 인수한 회사는 약간의 화장술로 다시 태어난다. 자본은 이때 미련 없이 팔고 떠난다. 자본은 언제나 그렇듯 수익률에 관심이 있을 뿐이다. 이를 유지하거나 높이는 게 유일한 '선'이다.

마르크스의 자본수익률 제로 수렴 역시 옳은 추론이다. 다만, 그는 자본가들의 상상력과 창의성을 무시했거나 간과했다. 반면, 피케티는 데이터로 자본의 놀라운 위력을 입증했을 뿐이다.

자본수익률이 견고하다는 것은 자본주의를 새롭게 분석하게 한다. 《21세기 자본론》은 그래서 의미가 있다. 피케티의 분석에 따르면, 자본수익률은 역사적으로 항상 4~5%를 유지해왔다. 하지만, 경제성장률은 이보다 낮고 추세적으로 낮아지고 있다.

2008년 금융위기 이후 저성장은 자본주의 사회의 새로운 표준이 됐다. 금융위기 이후 근 10년이 지났지만, 세계는 여전히 저성장의 늪에 갇혀 있다. 성장률 저하는 필연적으로 임금 하락과 일자리 감소로 이어진다.

심지어 일자리는 늘어나도 임금은 제자리걸음인 이상 현상까지 포착되고 있다. 가계와 기업 등의 인플레이션 기대 약화, 고령층의 노동 참여로 오는 임금 상승률 제한, 임시직/일용직 등 저임금 일자리 증가, 노동계의 영향력 약화 등을 꼽는다.

혹자는 세계화를 저물가의 주범이라 주장한다. 세계적인 분업체제가 확산하면서 경기회복기에 임금 인상 압박이 그리 높지 않다는 것이다. 또, 구글, 아마존 등 혁신기업의 등장이 초래한 가격 파괴 현상 일반화를 들기도 한다. 어쨌든 오늘의 세계는 저성장 문제뿐만이 아니라 성장이 어느 정도 가시화한 상황에서도 임금이 오르지 않아 인플레이션이 발생하지 않는 이상 현상을 보인다.

정확히 반대다. 자본의 수익률은 경제성장률을 웃돌면서 수준을 꾸준히 유지하고 있다. 자본수익률이 경제성장률보다 높다는 건 자산가들의 경제력이 임금 소득자의 경제력보다 점점 더 커질 수밖에 없다는 것을 뜻한다. 돈이 돈을 버는 게 어제오늘의 얘기는 아니다. 다만, 작금의 상황은 그 속도를 높이고 그 폭을 더 키운다. 노동으로 돈을 버는 속도와 폭을 훨씬 능가한다는 얘기다.

이는 과거 봉건주의로의 회귀를 뜻한다. 바로 세습 자본주의Patrimonial Capitalism다. 자본수익률과 경제성장률의 격차가 그대로 이어지는 것을 무시한다면, 금수저가 다수 임금 소득자를 지배하는 불평등 사회가 더욱 빨라질 수밖에 없다. 이는 우리가 충분히 목격하고 있는 현실이기도 하다.

금융위기로 서민들은 직격탄을 맞았지만, 부자들은 후손들에게 재산을 증여하고 있다. 2008~2016년 동안 18세 이하 미성년자 4만 6542명이 총 5조 2473억 원을 증여받았다. 1인당 평균 증여재산은 1억 1274만 원이다. 수많은 청년이 학자금 대출 등 빚에 신음하고 있는 현실 저 저 너머엔 금수저들의 세습을 노린 증여가 판치고 있는 게 오늘이다.

피케티는 세습 자본주의의 위험성을 말한다. 성장률 둔화를 그나마 방어해온 것은 각 분야의 혁신이었다. 한데, 이런 꿈쩍 않는 불평등 시스템에서는 혁신도 어려워진다.

어느 정도의 차별 혹은 불평등은 불가피하다. 하지만, 계층 간 이동 사다리가 막히면 창의성과 능력까지 사장된다. 혁신이 멈춰버린 세상이 도래할 수 있다. 이는 자본주의 성장 동력을 훼손해 위기로 치닫게

할 수 있다. 피케티는 말한다.

"자본주의는 참을 수 없을 만큼 터무니없을 정도로 불평등 상황을 초래할 것이고, 또한 우리가 살고 있는 민주 사회의 근간이 되는 능력주의 가치를 송두리째 흔들어 버릴 것이다."

개천에서 용이 나는 시대가 가고 있다. 불평등의 고착화, 부의 세습은 자본주의를 봉건시대로 되돌리는 악이다. 불평등이 자본주의를 위기로 몰아갈 것, 그것이 피케티의 결론이다.

## 피케티는 대한민국에 무엇을 말하고 있나

한국 역시 소득 불평등이 나날이 심해지고 있다. 피케티의 논리는 한국에서 더욱 격심하게 나타나고 있다. 결론부터 말하면, 한국은 근로소득보다 비근로소득 격차로 불평등이 심화하고 있다.

2010년 이후 근로소득 불평등은 개선되고 있다. 상위 1%가 차지하는 근로소득 비율은 2010년 7.44%로 정점을 찍은 뒤 하향 추세를 보이는 중이다. 그러나 사업소득과 금융소득을 포함한 전체 소득 불평등도는 더욱더 심해지고 있다. 한마디로, 자본을 가진 층이 노동을 제공하는 계층보다 훨씬 더 많은 부를 차지하고 있다.

이는 김낙년 동국대 경제학과 교수가 발표한 〈한국의 소득집중도: 업데이트, 1933~2016〉이란 논문에서 강조되고 있다. 이 논문을 보면, 근로소득 불평등이 계속 심화해 왔다는 기존 연구 결과와는 달리 상위 1%가 전체 근로소득에서 차지하는 비중은 2010년 7.44%로 정점을 찍은 후 완만하게 하락하고 있다. 2016년 기준으로 보면 7.13%로 낮아진 것으로 분석됐다.

이에 반해, 이자 및 배당소득과 영업잉여*와 임대료 등 비근로소득을 포함한 비중은 2010년 11.75%에서 2016년 12.13%로 더 커졌다.

상위 10%로 범위를 넓혀 봐도 마찬가지다. 근로소득의 경우에는 상위 10%의 집중도가 2010년 33.88%에서 2016년 32.01%로 작아졌다. 반면, 전체소득의 집중도는 42.35%에서 43.20%로 커졌다.

이것이 의미하는 바는 명확하다. 근로소득 불평등은 완화하고 있지만 이를 상쇄하고도 남을 정도로 비근로소득에서의 불평등이 심화하고 있다는 얘기다. 한마디로, 불로소득이 점차 커지는 추세고, 이는 대부분 자본가 계급에 집중돼 있다는 것이다.

---

* 한 나라 국민의 생산 활동으로 발생한 소득은 노동, 자본, 경영 등의 생산요소를 제공한 경제 주체에 나눠진다. 이 중에서 노동을 제공한 대가로 가계에 분배되는 것을 급여 즉 피용자 보수라 한다. 나머지 생산 활동을 주관한 생산 주체의 몫을 영업잉여라 한다.

주목할 것은 소득 불평등 양태가 2010년을 기점으로 변하고 있다는 점이다. 1990~2000년까지는 가계소득에서 임금이 차지하는 비중이 매우 높았다. 이 때문에 당시엔 근로소득의 격차가 이런 소득 불평등을 주도했다. 그러나 2010년 이후엔 소득 불평등 심화의 원인이 근로소득이라기보다는 금융자산에서 나오는 이자 및 배당, 부동산 임대료, 영업이익 등 비근로소득 격차에 있다.

이런 일이 왜 발생하는 걸까? 추정하자면, 2008년 금융위기 이후 기업은 대부분 경영난을 겪었다. 이 때문에 임금을 올리는 건 자제해왔다. 그런데도 중앙은행들은 위기를 극복해낸다는 명분으로 천문학적인 유동성을 공급했다. 그 때문에 주식, 부동산 등 자산가치가 폭등했다. 동시에 한국을 포함한 여러 나라에서는 부자와 기업에 대한 감세 정책을 시행했다. 누진 세제는 후퇴하고 부자들에게 각종 혜택이 주어졌다. 자산가치의 폭등, 감세 정책 등이 어울려 부자들은 더욱 부자가 되는 기현상이 만들어진 것이다.

개천에서 용이 나는 시대는 한국의 경우엔 먼 과거의 얘기다. 돈이 있어야 교육을 하는 시대고 다수는 힘들어도 부자들은 나날이 불로소득을 늘려가는 게 현실이다. 불평등이 자본주의를 위기로 몰아간다는 피케티의 결론은 한국에서도 유효할 것이다.

## 부를 앗아가는 해충, 불로소득

'rentier'란 단어는 금리생활자로 번역된다. 이자가 유일한 소득원으로 생활하는 사람을 말한다. 이자로만 생활하려면 자본가여야 한다. 물론 여기서 말하는 '이자'는 단순히 예금에 붙는 이자만을 뜻하진 않는다. 지대, 가옥 임대료를 포함한다. 한마디로 별다른 노동에 종사하지 않고도 보유한 자산에서 파생되는 부산물만으로 생활이 가능한 사람을 일컫는다. 21세기 한국인의 로망인 '건물주'도 여기에 해당한다. 사실 위 단어는 '금리생활자'보다는 '불로 소득자'로 번역하는 게 올바르다고 생각한다.

불로 소득자 혹은 대부자본가의 존재는 전혀 새롭지 않다. 이들이 하나의 계급으로 특별히 주목받게 된 것은 금융자본이 지배하는 세상이 되면서부터다. 현대는 금융자본가가 다른 모든 종류의 자본가를 지배한다.

은행은 산업자본을 지배하며 돈을 가진 사람이 최고의 권력을 갖는다. 건물주는 임차인을, 돈을 빌려주는 사람은 빌리는 사람보다 우위에 서 권력을 휘두른다. 이는 결코 개인과 개인의 관계에서만 나타나는 현상이 아니다. 자본 수출 정도에 따라 한 나라가 특정국을 쥐락펴락하는 힘을 휘두르게 된다. 이때 자본 수출국은 금리 생활 국가의 성격을 띠게 된다. 국가 역시 불로소득 국가가 되는 셈이다.

자본주의는 이미 'rentier capitalism'으로 변화하고 있다. 지대추구 자본주의라 번역하지만, 노골적으로 표현해 '불로소득 자본주의' 혹은 '약탈적 자본주의'로 표현할 수 있다. 생산적인 사회적 공헌 없이 수익 대부분을 챙겨가며 재산(물리적 재화, 금융자산, 지적자산 등)을 독점한 세력이 지배하는 자본주의를 말한다.

오늘의 자본주의를 지배하는 것은 미국의 월스트리트를 중심으로 글로벌 금융거래 네트워크를 구성하고 있는 각국의 금융회사들이다. 이들은 막강한 자본을 토대로 사실상 전 세계 기업을 지배하고 있다. 주식·채권시장을 통해 이들은 산업자본을 통제한다. 수많은 혁신적인 스타트업과 벤처기업의 뒷배 역시 이들이다. 산업자본이 경제를 움직이는 동력인 것은 맞지만 그 산업자본을 지배하는 건 금융자본이다. 금융자본이 경제 생태계의 최상층에 똬리를 틀고 있다.

금융자본을 형성하게 한 것은 각국의 부유한 자산가 계급이다. 세계의 부호들뿐만이 아니라 웬만한 자산가들 역시 금융자본에 투자한다. 자산가치고 금융자산을 갖고 있지 않은 사람은 거의 없다.

오늘날 자본주의는 자산가 계급과 금융자본이 공동으로 건설한 하나의 제국이다. 한국도 다르지 않다. 재벌 가문은 물론이고 일반적인 재테크 자산가들 역시 이런 약탈적 자본주의의 한 블록이다. 그들이 원하든 원하지 않든 약탈적 자본주의의 일원이다.

불로소득 자본주의를 약탈적 자본주의라 부르는 이유가 있다. 피케티가 쓴 《21세기 자본》을 보면 국가 대부분에서 불로 소득자들의 약탈은 일상이 됐다. 약탈이 더는 약탈이 아니라 일상이 된 실상을 그는 폭로하고 있다.

　자산가들은 자본소득으로 더욱 부자가 되고 자본이 없는 서민들은 나날이 상대적으로 빈곤해져 부자와 서민 간 자산 격차는 갈수록 벌어지고 있다. 한편에서는 금융투기와 부동산 투기가, 다른 한쪽에서는 실업자들과 가난한 생계형 자영업자들이 늘어난다.

　한국 역시 마찬가지다. 2017년 말 기준으로 시중 부동자금은 1072조에 달해 사상 최대다. 시중 부동자금은 현금과 요구불예금, 수시 입출 입식 저축성예금, 머니마켓펀드, 양도성예금증서, 종합자산관리계좌, 환매조건부채권 등으로 구성된 그야말로 투기적 이익을 얻기 위해 시장에 떠도는 대기성 자금을 말한다.

　이 부동자금이 2007년 말 504조 원 수준에서 글로벌 금융위기를 겪으며 급증해 2008년 말에 540조 원, 이어 2009년 말에는 647조 원으로 대폭 증가했다. 이후로도 꾸준히 늘어 2016년 말에는 마침내 1000조 원을 돌파했다. 2017년 말 기준으로 부동자금은 10년 전인 2007년 말과 비교해 112.9%나 늘었다.

　이 돈은 불로소득을 찾고 있다. 금융위기의 여파로 경제가 어려운 상황인데도 자산시장으로 몰려 시장의 호황세를 연출해냈다. 부동산은 박근혜 정권을 거치며 서울과 수도권 지역은 가히 폭등세를 연출했다. 임대료는 말할 것도 없다. 주식시장도 마찬가지다. 금융위기 직후 코스피 지수는 1000을 밑돌았다. 2018년 1월 현재 2500을 돌파한 상황이다.

자산시장의 호황은 불로 소득자들에게 엄청난 부를 안겨줬다. 자본을 가진 부자들은 더욱 부자가 됐다.

서민들의 삶은 어떤가? 자본의 혜택을 받지 못한 서민들의 삶은 나날이 궁핍해져 가고 있다. 전셋값 폭등의 여파로 수많은 서민이 빚을 내야 했고 부동산값 폭등으로 이들의 평생 꿈인 주택 소유는 말 그대로 꿈이 되고 말았다.

임대료가 오르면서 영세 자영업자들은 노예의 삶을 살아가고 있다. 거의 쉬지 못하고 소처럼 일해도 임대료를 주고 나면 외려 적자인 자영업자들이 늘어나고 있다. 자본과 자산시장 호황에서 배제된 근로 소득층의 삶은 상대적으로 곤궁해지고 있다.

## 기업 생태계를 망치는 불로소득 자본주의

자본주의 시장경제를 지탱하는 건 기업이다. 기업은 자본주의란 생명체의 세포다. 세포가 건강해야 생명체가 유지되듯 기업이 건강해야 자본주의 생명력은 보장된다. 하지만 오늘날의 불로소득 자본주의는 스스로 제 세포를 파괴하고 있다.

기업은 비즈니스를 통한 건전한 생산 활동을 기반으로 가치를 생산하는 데 주력하는 게 아니라 주주가치 극대화를 내세우며 금융 공학에 집중하고 있다. 대주주가 주축이 된 세력들이 기업을 망가뜨리고 있다.

이런 일은 비일비재하다. 2018년이 시작되자마자 불거진 한국GM 사태가 대표적이다. 미국 GM이 대우자동차를 인수한 2002년 이래 이들의 약탈적 행위는 마침내 한국GM 군산공장 폐쇄로까지 이어졌다.

모기업인 미국GM은 자회사인 한국GM에 천문학적인 돈을 빌려주고 5%에 가까운 이자를 챙겼다. 부품은 비싸게 공급하고 완제품은 값싸게 사서 이득을 챙겼다. 연구개발비를 과도하게 계상해 또 이득을 챙겼다. 그러는 사이 한국GM은 치유할 수 없을 정도의 중병에 걸리고 말았다.

2012년이 저물 무렵, 웅진그룹의 지주회사인 웅진홀딩스가 전격적으로 법정관리를 신청했다. 웅진이라면 현금 동원력이 뛰어난 회사로 알려져 있던 터다. 그런데 갱생조차 불투명한 처지로 전락했다. 왜일까?

웅진 사태를 들여다보면 매우 익숙한 이름 하나를 발견하게 된다. 바로 '론스타'다. 사실 이 사모펀드와 웅진 사이에 직접적 관련은 없다. 하지만 론스타가 극동건설의 전 주인이었다는 점은 많은 것을 시사한다.

론스타는 극동건설을 2003년 인수해 2007년 웅진그룹에 팔았다.

싸게 사서 비싸게 팔았고, 무엇보다 사고파는 시점 모두 절묘했다. 법정관리를 졸업하자마자 샀고 금융위기가 오기 직전에 팔았다. 반면, 웅진그룹 처지에서는 최악의 애물단지를 가장 좋지 않은 시점에 그것도 엄청나게 비싼 값을 주고 산 셈이다.

론스타의 극동건설 운영은 말 그대로 사모펀드 자금 운용의 정수를 보여준다. 이들이 극동건설에서 어떤 식으로 돈을 빼갔는지를 보면 혀를 내두를 정도다. 이익에 따른 과도한 배당은 기본이었고, 회사의 알토란 같은 자산을 팔아 또 챙겨갔다. 유상감자를 통한 자본회수는 너무나 당연했다.

주요 자산은 팔아버리고 배당으로 충분한 이익을 남긴 뒤, 껍데기만 남은 회사를 고가에 팔아치운 이들의 수법은 머니게임의 진수를 보여준다. 가히 '돈놀이의 귀재'다운 솜씨였고, '먹튀'의 전형이었다.

껍데기만 남은 회사를 비싼 값을 주고 인수한 회사가 건강할 리 만무하다. 극동건설이 웅진그룹 위기의 첫 단계임은 분명한 사실이다. 그 뒤에 론스타란 어두운 그림자가 있는 것 또한 부정할 수 없다.

대주주의 기업 약탈은 이뿐만이 아니다. 열거하기 힘들 정도로 빈번

하게 일어난다. 과거 론스타가 인수한 외환은행, 뉴브리지캐피탈이 인수한 제일은행에서도 이런 일이 발생했다. 위니아만도, 대우전자, 한라공조와 같은 제조업체는 물론 지하철 9호선 사태도 사모펀드의 약탈이 자행됐다.

자본주의 기차는 언제부턴가 일등칸의 손님들만 태우고 달리고 있다. 이등칸, 삼등칸의 중산층 노동자들은 방치되고 있다. 20세기 중후반까지 노동자는 충분한 존경과 보상을 받았다. 그런데 그 후반부터 노동자는 자본주의 진보로 창출된 과실을 합당하게 배분받지 못하고 있다. 혹자는 이를 '기술과 인간의 경주'에서 인간이 패하고 있어서라고 한다. 또 다른 사람들은 '시장 근본주의'가 만개한 글로벌화 탓으로 돌린다.

모두 일리가 있다. 하지만 미시적으로 접근하면 최고경영자를 위시한 자본가들이 과실을 독차지하고 있기 때문이다. 기업은 자본주의 꽃인 동시에 그 생명의 원천이다. 그런데 그것이 말라가고 있다. 자본가들이 오히려 기업을 죽이고 있다. 그것이 성장할 수 있는 최소한의 자원도 남겨놓지 않고 싹쓸이를 해가고 있다.

최근 하버드 비즈니스 리뷰에 인상적인 에세이가 한 편 실렸다. 매사추세츠 로웰대학 교수인 윌리엄 라조닉William Lazonick의 '번영 없는 수익Profits without Prosperity'이다.

기업은 분명 수익을 내고 있는데 그것이 번영으로 연결되지는 않고 있다. 에세이는 그 이유를 설명한다. 더 나아가 대체 왜 기업은 이익을 내는데 노동자들의 주머니는 가벼워지는가를 얘기하고 있다. 이 때문에 21세기 성장이 어떻게 방해를 받고 있는지 토로한다.

낙수효과를 말하는 것은 이제 낡기까지 하다. 자본주의의 돈은 위에서 아래로가 아니라 그 역방향으로 흐른다. 돈은 아래에서 위로 흘러 고인다. 라조닉은 그것이 어떤 형태로 이뤄지는가도 밝히고 있다. 노동자 혹은 기업의 성장 원천이 되어야 할 돈이 자본가 호주머니로 흘러가는 현실을 고발하고 있다.

오늘날 경제는 불로소득을 꿈꾸는 사람들이 약탈도 서슴지 않는 구조다. 약탈하는 자와 약탈당하는 자로 명확히 구분된다. 약탈적 자본주의predatory capitalism가 자유시장이란 핑계로 아무 거리낌 없이 횡행한다.

오늘의 세계 경제는 세계화, 신자유주의, 금융화로 요약된다. 돈이 돈을 버는 구조를 너무 당연시한다. 땀을 흘리지 않는 돈, 노동을 전제로 하지 않는 돈이 세상 무엇보다 대접받는다.

케인스는 생산에 아무런 기여도 하지 않으면서 약탈에 의존하는 자산가 계급, 유한계급이 자본주의 무덤을 파고 있다고 비판했다. 케인스만이 아니라 수많은 경제학자가 새로운 형태의 '생산적 경제'가 필요하다고 역설했다. 마르크스가 대표적이다. 생산적 투자, 생산적 노동이 전제되지 않은 자본주의는 그 역사적 생명력이 다했다고 말했다.

실제로 자본주의는 그 약탈적 성격으로 끊임없이 침체와 공황을 반복하고 있다. 생각해보면 너무 당연한 귀결이다. 부 대부분이 불로 소득층에 집중되다 보니 다수 대중의 호주머니는 나날이 비어간다. 소비의 주체인 이들이 사라진 자본주의는 공황으로 치달을 수밖에 없다.

자산가 계급은 대중에게 신용을 공급해 생산물을 처리하려 하지만 이는 곧 한계에 부닥치게 된다. 신용 공급이 그 극한에 치닫는 순간 마침내 대중은 소비할 여력을 상실한다. 소비가 없는 자본주의는 지속할 수 없다. 공황은 약탈적 자본주의의 숙명이다.

자본주의가 영속하려면 불로소득을 죄악시까지는 아니더라도 부끄

러워할 줄 아는 새로운 규범이 탄생해야 한다. 돈이 돈을 버는 세상이 아니라 땀이 돈을 벌어주는 세상이 되어야 한다. 노동소득이 자본소득보다 더 빠르게 성장하는 세상이 돼야 한다.

누구나 생산적 경제 활동에 이바지할 때 더 큰 소득이 보장되는 세상이 돼야 한다. 약탈적 자본주의가 아니라 연대와 공감의 자본주의를 만들어야 한다. 불로소득은 세금을 통해 자연스레 사회로 환원돼야 한다. 그 소득이 생산적 경제 활동에 재투자되고 복지를 통해 재분배될 때 자본주의는 지속할 수 있다.